장발장은
혁명군이었다?

장 발 장 은
혁명군이었다?

문학 작품 속
세계사 읽어 보기!

송영심
지음

팜파스

문학 속에서 역사를 살아온
주인공들을 만나다

필자가 다닌 중학교는 대한민국 어디에 내놓아도 뒤지지 않는 독립적인 도서관 건물을 갖고 있었다. 문학 박사인 교장 선생님의 영향으로 도서관의 모든 책들을 밤 10시까지 누구나 마음껏 읽을 수 있었다. 도서관에는 그렇게 밤늦은 시간까지도 대출을 담당하는 선생님이 계셨고, 책을 읽겠다는 학생이 단 한 명이라도 있으면 도서관의 불을 끄지 않았다.

내가 문학소녀 시절을 보낸 바로 그 시기에, 일생 동안 읽은 책의 거의 반 이상을 읽었다. 고백하자면, 『장 발장은 혁명군이었다?』에 소개한 책 모두는 내가 중학교 시절 도서관에서 읽었던 책들이다. 숨 가쁘게 진행되는 문장과 침을 꼴깍 넘어가게 하는 위기의 순간에서 애를 태우며 읽기도 하고, 친구가 그만 가자고 손을 잡아끌어도 일어설 줄 모르며 열심히 읽었던 장편 문학들이다. 그 시절 책들은 지금같이 가로쓰기가 아니라 세로쓰기로 되어 있었고, 때로는 오역과 어려운 한자체 문장으로 되어 있어서 중학생이 내용을 제대로 소화하는 것에는 무리가 따랐다. 하지만 문학에 빠진 내게는 선택의 여지가 없어서, 다소 딱딱하기도 하고 앞뒤가 잘 이어지지 않은 외국 문학 번역서들은 설익은 과일을 먹는 것 같은 기분으로 읽었다. 당시는 당연히 스마트폰 자체가 없었기 때문에 여가 시간에는 대부분 책을 읽었다. 다독을 하다 보니 이해가 안 되는 문장도 앞뒤 문맥과 사건 정리를 하면서 읽으면 그런대로 이해했다.

시대가 바뀌어 이제 외국 문학 서적들은 유려한 문장과 화려한 삽화, 읽기 쉬운 가로쓰기에, 보기 좋은 활자체로 되어 있다. 그리고 출판사들은 SNS에 숙달되어 있는 학생들이 상식적으로 알고 있는 용어가 별로 많지 않은 것을 고려하여 친절하게 용어 풀이까지 해 주고 있다. 그런데도 십 대 독자들은 책을 어려워해서 쉽게 책장을 넘기지 못한다. 그 이유는 무엇일까?

바로 문학 속의 텍스트나 스토리가 전개된 역사적 시대에 대한 이해가 부족하기 때문이다. 세계사적인 상식이 있어야 잘 읽을 수 있는데, 현재 중고등학교 교육과정에서 세계사를 통사로 공부할 수 있는 곳은 중학교 과정뿐이다. 그러나 한국사가 반 이상을 차지하고 있어 진정한 세계사 공부를 하기에는 역부족이다. 시대는 방대하고 사건도 수없이 많은데 할당된 페이지가 제한되어 있다 보니, 깊이 있는 역사적 지식을 주지 못한다. 한편 고등학교에서는 세계사가 선택 과목이다. 학생들 대부분은 수능에 유리한 과목을 선택하기 때문에 공부할 분량과 내용이 많은 세계사는 찬밥 신세일 수밖에 없다. 이러한 대한민국의 교육과정의 특성 때문에, 이 책에 소개된 세계 명작 소설을 해당 역사적 배경 속에서 작가의 의도한 바대로 이해하며 읽는 것은 사실상 어려운 일이다.

이 책의 기획은 이러한 고민에서 시작되었다. 청소년에게 방대하고 어렵기만 한 시대적 배경을 쉽게 알려주면 작가가 쓰고자 한 이야기 전개와 갈등 구조에 좀 더 쉽게 다가갈 수 있지 않을까, 하는 생각에서 출발한 것이다.

문학과 역사는 닮은꼴이다. 실제 인류가 살아온 삶의 경험을 가진 주인공을 전면에 세워 문장과 감정, 사건을 넣어 흥미로운 갈등 구조 속에 풀어 낸 것이 문학이기 때문이다. 책을 엮으면서 문학 속에 담겨있는 역사를 마치 엉킨 실타래 속에서 실마리를 찾아내듯이 하나둘 차근차근히 뽑아내어, 이해하기 쉬운 친근한 문장으로 설명해 주고 있다. 문학과 역사는 떼려야 뗄 수 없는 사이이기 때문에, 먼저 문학을 역사 속에서 풀어 보며 전체적 흐름을 잡아주고 그 흐름 속에서 문학의 줄거리를 간단하게 써 나갔다. 또 책을 읽은 후의 대화에서 빼놓을 수 없는 각 문학 속의 명장면도 선정하여 흥미로운 이야깃거리로 소개했다. 끝으로 그 문학 작품에 대한 평가를 써 주면서, 작품의 작가 또한 역사적으로 어떻게 자리매김 되어 있는 지도 쉽게 풀어 써 주었다.

현장 교사인 필자가 역사 수업을 할 때에 역사 속의 이야기를 해 주면 학생들도 급격히 흥미를 보이곤 한다. 그것을 이 책에서는 거꾸로 시도하였다. 문학 작품을 읽기 전에 먼저 역사적 배경과 꼭 알아 두어야 할 그 책의 역사적 평가를 먼저 확인하게 해서, 문학에 대한 탄탄한 배경 지식을 갖추고 작품 속으로 빨려 들어갈 수 있는 길을 터주었다.

책의 선정은 고대, 중세, 근대, 현대의 시대 구분에 따라 각 시대를 잘 이해할 수 있는 대표적인 세계 명작을 골랐다. 책 제목만 쭉 훑어보아도 시대의 흐름을 잘 이해할 수 있고, 반대로 각 문학 작품이 어느 시대적 배경 속에서 탄생되었는지를 가늠해 볼 수 있다.

이 책이 독자들에게 도움을 줄 수 있는 것이 또 한 가지가 있다. 문학 작품 하나하나마다 역사적으로 알아두어야 역사적 인물이나, 역사적 사건을 따로 정리해서 설명한 부분이다. 이 내용만 읽어도 상당한(필수적이기도 한) 역사적 상식을 가질 수 있게 된다.

끝으로 이 책이 나오기까지 정성스러운 편집과 도움이 되는 조언을 아끼지 않았던 출판사 팜파스의 박주혜 에디터를 비롯한 여러분에게 진심으로 고맙다는 인사를 전한다.

구순의 연세에 병석에 누워 항상 자식에 대한 걱정으로 잠을 이루지 못하시는 사랑하는 어머니께 이 책을 바친다.

송영심

Part 03

근대를 배경으로 한 소설
인간과 자본의 시대를 풍자하다

Part 04

현대를 배경으로 한 소설
전쟁과 이념으로 생긴 상처를 담다

호메로스, 「일리아스」

헨리크 시엔키에비치, 「쿠오 바디스」

Part 01

고대를 배경으로 한 소설

신화인 듯 현실적인 세계로의 초대

호메로스
『일리아스』

(B.C. 900년경)

트로이 전쟁 속의 신과 영웅들의 이야기

[독서로 탐구하는 역사] 트로이 전쟁

호메로스(Homeros, BC 800?~BC 750)의 위대한 서사시, 『일리아스(Iliad)』의 시대적 배경이 된 트로이 전쟁에 대해 알아볼까?

트로이 전쟁은 기원전 1200년경에 소아시아의 트로이를 함락시키기 위해 일어난, 그리스 연합군과 도시 국가 트로이 사이에 10년간 진행된 전쟁이야. 모든 전쟁은 분노로 시작되지. 트로이 전쟁도 호메로스에 의하면, '분노'로 시작된 전쟁이었다고 해.

하지만 19세기 말까지 트로이 전쟁은 실제 역사적 사실이 아니라, 서사시 속에 전해 내려오는 전설 속의 전쟁으로 받아들여졌어.

기원전 8세기경의 눈먼 장님 문인이었던 호메로스가 쓴, 『일리아스』의 트로이 전쟁 이야기가 실제 역사적으로 일어난 사건이었을 것이라고 생각한 사람은 거의 없었지.

그러다가 1874년, 고고학계의 커다란 획을 긋는 기적적인 발굴이 일어나 세상 사람들은 깜짝 놀랐어. 독일의 실업가 하인리히 슐리만(1822-1890)이 오스만 제국의 아나톨리아 히사를리크 언덕에서 트로이 유적을 찾아냈다고 발표했기 때문이야. 비록 그가 트로이 유적이라고 믿었던 제2층의 유적보다 5단계 위인 제7층이 트로이 시대 유적층인 것으로 밝혀졌지만, 그의 발굴 덕분에 고대 그리스사를 다시 쓰게 된 건 분명하단다.

그렇다면, 트로이 전쟁은 왜 일어나게 되었을까?

당시 그리스는 한 나라로 이루어진 통일 제국이 아니라, 수많은 성채 국가들이 독립된 세력을 이루고 있었어. 하지만 그들은 같은 언어를 사용하고, 제우스 등 같은 신을 믿었으며, 그리스를 위협하는 적에게는 공동 전선을 펼쳐 함께 싸우면서 격퇴시켰지.

호메로스에 의하면, 소아시아에 위치한 성채 국가 트로이의 왕자 파리스가 세상에서 가장 아름다운 여성인 스파르타의 왕비 헬레네와 사랑에 빠진 것이 전쟁의 발단이었어. 파리스가 그녀를 몰래 트로이로 데려가면서 갈등이 시작된 거지. 왕비가 사라진 것을 뒤늦게 안 스파르타의 왕 메넬라오스는 그리스를 이끌고 있는 강력한 성채 국가인 미케네의 왕 아가멤논에게 이 사실을 알렸고, 아가멤논은 전 그리스 성채 국가에 이 사실을 알려 연합군이 구성되었어. 총사령관은 아가멤논이 맡았지. 『일리아스』에는 연합군에 참가한 그리스 국가들의 함선이 구체적으로 나와 있어. 이것을 토대로 역사의 한 장을 펼쳐 보면, 기원전 12세기의 각 성채 국가의 국력을 잘 알 수 있지. 그리스의 연합 함대는 481척이었는데, 가장 많은 전함을 동원한 국가는 100척의 함대를 이끌고 온 미케네야. 그 다음으로 펠로폰네소스 반도 남부에 위치한 도시 국가 필로스가 90척의 함대를 동원했고, 스파르타도 60척의 전함을 동원했지.

이와 같은 이유로 일어난 트로이 전쟁은 그와 관련된 유적이 발굴되지 않아 그 정체가 불분명했어. 하지만 앞서 말했듯 슐리만의 발굴로, 트로이 전쟁뿐만 아니라 고대 그리스에 대한 것도 더 자세히 알 수 있게 되었단다.

고대 그리스는 에게 문명에서 시작되었는데, 에게 문명의 전기에 크레타 문명을 파괴하고 에게 문명의 후기를 이끌어간 것이 바로 미케네 인들이야. 트로이 전쟁의 주력군이었던 그들은 전쟁을 즐기고 좋아했던 호전적인 사람들이었지. 슐리만의 발굴로 미케네 인들의 실체가 세상에 드러났는데, 슐리만은 쌍사자가 포효하는 모습의 성문을 갖춘, 견고한 원형의 성벽을 가진 미케네의 성채를 찾아냈단다.

호메로스는 그의 서사시에서 미케네를, '금빛이 찬란하게 빛나는 도시'라고 칭송했어. 그런데 실제로 미케네를 발굴했을 때 황금으로 장식된 데드 마스크와 각종 순금장식품들이 쏟아져 나온 거야. 슐리만은 미케네 원형 고분에서 찾아낸 죽은 사람의 얼굴을 덮고 있는 황금 마스크가 바로 트로이 전쟁 당시 그리스의 총사령관이었던 아가멤논의 것이라고 굳게 믿었지. 그래서 이 황금 마스크를 '아가멤논의 황금 마스크'로 이름 지었어. 후에 이 황금 가면은 아가멤논의 것이 아니라는 것이 밝혀졌지만, 여전히 이 가면은 '아가멤논의 황금 마스크'로 불리고 있단다.

또, 전설에 의하면 미케네는 그리스의 영웅 페르세우스가 세웠다고 해. 미케네는 산과 산 사이의 계곡에 위치하여 적의 침입을 막을 수 있을 뿐 아니라, 쳐들어오는 적군의 형세를 한눈에 내려다 볼 수 있는 곳이었어.

한편 트로이는 난공불락의 요새로 구성되어 있었단다. 호메로스는 트로이 성에 대해 포세이돈의 입을 빌려 이렇게 표현하고 있지.

"나, 포세이돈은 트로이 인들을 위해 그들의 성 둘레에 두텁고 웅장한 성벽을 쌓아주었으니, 그들의 도시는 난공불락이 되었네.”

- 『일리아스』 제21장

성벽이 이중 구조로 되어 있어, 첫 번째 성벽을 무너트려도 두 번째 성벽이 버티고 있을 정도의 견고한 성벽이었다는 것을 실제 발굴 결과에서도 알 수 있어. 호메로스는 트로이 성을 높이 6m, 두께 4.5m에, 약 3,000여 명의 수비대가 지키고 있는 성이라고 묘사하고 있어.

그렇다면, 트로이 전쟁은 과연 한 여성을 되찾기 위해 일어난 전쟁일까? 그렇지 않아. 슐리만의 뒤를 이어 학자들이 연구한 결과, 트로이 전쟁은 기원전 12세기에 지중해와 소아시아 사이에 해상 무역권을 두고 일어난 것으로 밝혀졌지. 한 때 크레타 문명을 파괴하며 에게 문명의 승리자를 자처하던 미케네였지만, 트로이 전쟁을 일으킬 당시의 미케네는 이미 쇠락해 가고 있었어. 그래서 트로이 전쟁에서 승리한 이후 미케네는 결국 북쪽에서 내려온 도리아인에 의해 그 문명이 파괴되었고, 그리스 세계는 기원전 8세기까지 기록이나 유적, 유물이 파괴되어 어떤 역사적인 사실도 알려지지 않은, 이른바 '암흑 시대'가 시작되었단다.

『일리아스』의 줄거리

호메로스는 트로이 전쟁을 노래하면서 왜 '일리아스'란 이름을 붙였을까? '일리아스'는 '일리움에 대한 노래(Song of Ilium)'라는 뜻이야. '일리움'은 라틴어로 트로이의 옛 지명을 말하지. 트로이는 앞에서도 언급했지만, 터키의 북동쪽 헬레스폰토스 해협의 히사를리크 구릉 위에 견고한 성으로 자리 잡고 있었어. 그리스의 대함대가 도착했던 곳은 바다에 접해 있던 스카만더 강 하구지역이었지.

『일리아스』는 모두 24권으로 구성되어 있어. 하지만 10년간의 전쟁을 시간의 흐름에 따라 전하는 것이 아니라, 이미 전쟁이 시작되고 9년의 세월이 흐른 시점에서 이야기가 출발한단다. 트로이 전쟁에 대해서는 단 51일 동안의 일들만 노래하고 있지. 트로이 전쟁의 전체적인 과정은 이야기 속에서 간간히 회상을 통해 알려주고 있어.

그럼 이제 본격적으로 내용을 들여다볼까?

『일리아스』의 주인공은 그리스 최고의 영웅, 아킬레우스야. 그는 인간과 신 사이에서 태어났는데, 아버지는 그리스 테살리아 지방인 퓌티아의 왕이었던 펠레우스이고 어머니는 바다의 여신 테티스란다.

이 대서사시는 트로이 전쟁 9년째, 그리스 최고의 영웅 아킬레우스와 그리스군의 총사령관 아가멤논 사이에 심각한 불화가 생기는 것부터 다루고 있어. 불화의 불씨는 아가멤논이 아폴론 신전을 지키는 신관 크리세스의 딸 크리세이스를 돌려주지 않은 데서 생겨났단다. 크리세스는 아폴론 신에게 그리스 군사들을 응징해 줄 것을 기도했고, 이에 아폴론은 그리

「일리아스」의 표지

스 군사들 사이에 무서운 역병이 퍼져나가게 했지. 매일같이 그리스 군사들이 전염병으로 죽어가고 군의 사기가 극도로 떨어지자, 마침내 지휘관 회의가 열려 대책을 논의하게 되었어. 이 때 대담하게도 아킬레우스가 아가멤논에게 크리세이스를 돌려주라고 요구해. 그러자 아가멤논은 앙심을 품고, 크리세이스를 돌려주는 대신 아킬레우스가 애지중지하는 아름다운 전리품인 여인 브리세이스를 빼앗아 가 버리지. 분노에 찬 아킬레우스가 이후 전쟁에 일절 관여하지 않자 그리스군은 일대 위기를 맞게 되었어. 이에 그리스 영웅 중에 분쟁 조정자 역할을 하는 네스토르가 나서서 둘 사이를 화해시키기 위해 무던히도 애를 썼지만, 아킬레우스의 마음은 풀릴 줄을 몰랐어. 다급한 마음에 네스토르는 아킬레우스가 목숨처럼 아끼고 사랑하는 친구인 파트로클로스를 찾아가 어려운 부탁

을 한단다. 아킬레우스의 마음을 돌려 그를 전장으로 불러내주거나 만약 그게 어렵다면, 파트로클로스가 아킬레우스의 투구와 갑옷, 방패를 빌려 입고 아킬레우스인 척 싸워 전세를 뒤집어 달라는 거였지. 그 부탁에 파트로클로스는 아킬레우스를 찾아가 그가 없는 전장의 비참한 상황을 전했어. 바로 그 때 그리스 함선에서 솟아오르는 불길을 보고 아킬레우스도 마음이 움직이기 시작했단다. 아킬레우스는 자신이 직접 전장에 나가지 않는 대신 그에게 무구와 군사를 빌려주며, 전세가 역전되면 트로이 성 깊숙이는 들어가지 말라고 신신당부했어. 파트로클로스는 그러겠다고 약속하고 아킬레우스의 무구를 걸치고 전장에 나서게 되는데, 투구를 쓴 모습이 누가 봐도 아킬레우스 같이 보였지. 그러자 트로이군은 당황하며 큰 혼란에 빠져 전세는 순식간에 뒤집혔어. 신이 난 파트로클로스는 아킬레우스의 당부를 잊어버리고 적진 깊숙이 들어갔다가 위험에 처했단다. 파리스 왕자의 형이자 트로이 성의 성주인 프라이모스의 아들, 최고의 명장 헥토르와 맞닥뜨렸지. 결국 파트로클로스는 헥토르에게 목숨을 잃고, 그의 시신은 간신히 찾아왔지만 아킬레우스의 무구는 헥토르에게 빼앗겨버렸어.

파트로클로스의 죽음에 아킬레우스는 크게 분노했단다. 그러자 아킬레우스의 어머니인 바다의 여신 테티스는 대장간의 신 헤파이스토스에게 부탁해 아들의 무구를 만들어왔어. 아킬레우스는 그

무구를 입고 전장에 나서서 헥토르를 죽인 다음, 그의 시신을 자신의 전차에 매달아 땅에 질질 끌고 모욕을 주었지. 트로이 성 위에서는 그 광경을 헥토르의 부인인 안드로마케와 트로이의 왕 프리아모스가 지켜보며 피눈물을 흘렸어. 막사로 돌아온 아킬레우스는 파트로클로스의 장례를 성대히 치루는데, 12명의 트로이 소년을 파트로클로스와 함께 순장시켰지. 장례식 후에도 그는 슬픔과 분노를 참지 못해, 헥토르의 시신을 자신의 전차 뒤에 매단 채 파트로클로스 무덤 주위를 돌았단다.

이처럼 헥토르의 시신이 무려 12일 동안이나 모욕을 당하자, 트로이를 지지하고 있던 아폴론 신이 신들의 회의를 소집하여 죽은 자가 마땅히 받아야 하는 예우를 받지 못하고 있는 것에 대해 강력히 항의를 했어. 그러자 제우스가 나서서 프리아모스에게 아들의 시신을 찾아올 몸값을 가지고 아킬레우스를 찾아가게 했단다. 트로이 인들의 존경을 한 몸에 받았던 늙은 왕 프리아모스는 허리에 천 하나만 두르고 신발도 신지 않은 채, 아킬레우스 앞에 무릎을 꿇고 말았어. 아킬레우스에게 머리를 숙이고 그의 손에 입을 맞추며 헥토르의 시신을 돌려 달라고 애원했지. 프리아모스의 간절한 부탁에 아킬레우스도 감동을 받아, 헥토르의 시신을 프리아모스에게 넘겨주었단다. 그리고 장례 기간 동안 휴전을 선포해 프리아모스가 아들의 장례를 잘 치룰 수 있도록 도와주는 내용을 마지막으로 『일리아스』의 이야기는 끝이 나.

　『일리아스』는 그 양이 방대하지만, 마치 퍼즐처럼 구성되어 있어. 시리즈 앞쪽의 세 권과 마지막 쪽의 세 권이 씨줄과 날줄처럼 연결되어 있지. 예를 들면, 제1권에서 딸을 되찾기 위해 선물을 가지고 아가멤논을 찾아가는 아버지 크리세스가 묘사되어 있는데, 24권에 이와 비슷하게 아들의 시신을 찾기 위해 아킬레우스를 찾아가는 프리아모스의 눈물이 나오는 식으로 말이야. 마찬가지로 제2권과 제23권을 함께 살펴보면 전쟁의 양상을 한 눈에 알 수 있어. 제2권에서는 트로이 전쟁에 참가하는 그리스 군단이 상세히 나와 있고, 제23권에서는 파트로클로스의 장례식을 기리기 위해 펼쳐진 장례 경기를 통해 트로이 전쟁에 참여한 그리스 영웅들의 면모를 살펴 볼 수 있지. 제3권과 제22권에서는 주인공들의 대결을 살펴 볼 수 있어. 제3권에서는 전쟁의 발단이 되었던 트로이의 왕자 파리스와 스파르타의 왕 메넬라오스의 헬레네 왕비를 차지하기 위한 대결을 묘사하고 있고, 제22권에서는 아킬레우스와 헥토르의 대결을 볼 수 있단다.

　그런데 우리가 흔히 알고 있는 트로이 목마 이야기는 『일리아스』에 나오지 않아. 그런 이야기들은 『일리아스』의 후속편으로 오디세우스의 귀환 길 모험을 그린 『오딧세이』와, 그리스의 작가 소포클레스의 비극 『아이아스』, 그리고 로마 시대 작가 베르길리우스의 작품 『아이네이스』를 통해 전해진 것이란다.

『일리아스』의 명장면 들여다보기

『일리아스』의 명장면이라하면, 제22권에 나오는 아킬레우스와 헥토르가 일대일로 싸우는 장면을 꼽을 수 있지. 아킬레우스는 헥토르에게 합의할 생각은 꿈도 꾸지 말라고 외쳐. 사자와 사람 사이에 맹약이 있을 수 없고 늑대와 새끼 양이 한마음 한뜻이 되지 못하듯이, 자신과 헥토르는 서로 적의를 품고 있기 때문에 맹약이란 결코 있을 수 없다고 말이야. 둘 중에 한 사람이 쓰러져 전쟁의 신인 아레스를 기쁘게 하기 전에는 결코 싸움은 끝나지 않을 것이라고도 하지. 그러면서 아킬레우스는 헥토르에게 생각할 수 있는 온갖 무술과 전략을 구사하면서 대담한 전사가 되라고 충고까지 한단다. 이에 그치지 않고 아킬레우스는 곧 자신의 창으로 헥토르를 제압해 그동안 헥토르의 창 아래 쓰러져 간 전우(특히 파트로클로스를 말하는 것이지)들의 모든 고통이 보상되리라고 말해.

『일리아스』에는 또 하나의 명장면이 있어. 24권에 나오는 프리아모스 왕이 아킬레우스에게 아들 헥토르의 시신을 돌려달라고 애원하는 장면이야. 트로이 인들의 존경과 흠모를 한 몸에 받는 늙은 프리아모스 왕이 아킬레우스를 찾아가, 무릎을 꿇고 앉아서 새파랗게 젊고 오만하기 짝이 없는 아킬레우스의 두 손에 입을 맞추지. 아들의 시신을 되찾기 위해서 아들을 죽인 적에게 부탁하고 애원하며 말이야. 굴욕을 감수해야 하는 비극적이고 참담한 장면이야. 프리아모스 왕은 떨리는 목소리로 아킬레우스에게 애원하기 시작해. 아킬레우스를 부를 때도 '고귀한 아킬레우스'라고 칭하지. 프리아모스는 자신과 아킬레우스의 아버지가 같은 나이이니, 아버지를 생각해서 자신을 불쌍하게 여겨 달라고 했어. 아킬레우스의 아버지는 자신의 아들이 트로이 전쟁에서 승리하고 살아서 돌아갈 것이지만, 같은 나이인 프리아모스 자신은 마지막 남아 있던 자신의 자랑거리인 헥토르마저 죽임을 당했기 때문에 모든 희망을 잃어버렸다고 말하지. 아들을 죽인 사람 앞에 무릎을 꿇고 그 손에 입을 맞추는 아버지의 심정을 좀 헤아려 달라고 눈물로 하소연하는 프리아모스의 부성애에 아킬레우스의 마음도 풀어졌어. 덕분에 프리아모스는 헥토르의 시신을 되돌려 받게 된단다.

역사 안에서 본 『일리아스』

『일리아스』는 과연 호메로스의 단독 작품일까? 그렇다면 호메로스는 어느 시대 사람일까? 또 『일리아스』에 나오는 사실 중 어느 것이 역사적 사실이고, 어느 것이 신화인 것일까?

『일리아스』에 대한 연구는 현재 진행형이야. 서양의 가장 오래된 고전이며 명작인 덕분에, 이를 읽은 스승 아리스토텔레스의 영향을 받아서 알렉산드로스 대왕이 『일리아스』를 줄줄이 암송하고 다닌 일화도 남아있지. 현재도 전 세계에서 수많은 학자들이 이 서사시 속의 진실을 파헤치기 위해 연구에 전념하고 있어.

우리가 『일리아스』에서 알 수 있는 중요한 역사적 사실은, 에게 후기 문명을 주도했던 미케네 문명에 대한 실체와 국가적 저력이야. 미케네가 10년의 전쟁을 이끌면서 총사령관을 맡을 만큼 그리스 세계의 절대 강자였다는 것을 잘 알 수 있어.

그뿐만 아니라 고대 전쟁사의 실체도 들여다 볼 수 있지. 그리스 군대는 불패의 영웅인 아킬레우스를, 트로이 군대는 트로이 최고의 전사 헥토르를 비롯한 영웅들을 앞세워 전쟁을 이끌어 갔어. 트로이 전쟁에서 가장 중요한 것은 정보와 전술인데, 거짓으로 항복한 첩자들이 전쟁의 양상을 뒤바꾸어 놓기도 하거든. 또한 헤파이스토스가 다섯 겹으로 만들었다는 아킬레우스의 무구에 대한 상세한 묘사덕분에, 고대 그리스 전투복의 생김새도 알 수 있어. 아킬레우스의 방패는 청동으로 두 겹을 만든 후 다시 두 겹의 주석을 두르고 마지막은 황금으로 마무리한, 세상에 하나밖에 없는 오 겹 방패였다고 해. 이를 통해서 고대 전투복을 만드는 공예 기술도 살펴 볼 수 있지.

또한 그리스 군사들이 이끌고 나타난 방대한 군함들을 통해 그리스 군이 해전에 능한 군단이라는 것을 유추할 수 있어. 여기에다 트로이 군사들의 공술 무기로 사용되었던 길이 5.5m에 달하는 투창과 성을 공격하는 공성술, 전함과 방어벽을 무너트리는 화공 전술 등도 살펴볼 수 있지. 무려 지금으로부터 3,200년 전에 일어난 전쟁의 모습이 『일리아스』에 생생하게 담겨 있는 거야.

뿐만 아니라, 고대의 생활사도 담겨 있어. 『일리아스』의 곳곳에 장례식 장면이 나오는데, 이 장면들을 통해 고대 그리스인의 장례 풍습, 특히 산 사람을 함께 장사지냈던 순장의 풍습을 알 수 있어.

역사를 영어로 말하면 'History', 즉 남자들의 역사지만, 그 내면에는 역사를 움직이는 또 다른 성(性)인 'Herstory'가 있어. 『일리아스』엔 신과 영웅의 이야기 외에 여성들의 역사도 숨겨져 있단다. 호메로스는 『일리아스』를 통해서 역사의 면면을 새로운 역사적 장면으로 전환시키는 결정적인 부분에는 항상 여성이 있었다고 이야기하고 있어.

또 역사적 사건들 속에서 전쟁의 시련에 눈물짓는 인간들의 군상도 잘 나타나 있지. 남편의 죽음을 속절없이 바라보아야 하는 아내의 슬픔과 사랑하는 아들의 처참한 죽음을 보고만 있어야 하는 아버지의 가슴 아픔, 딸의 안전을 위해 온갖 수모를 이겨내는 아버지의 부성애, 아들이 세상에서 사라질까봐 노심초사하는 어머니의 모성애, 그리고 친구의 죽음에 가슴 아파하는 아킬레우스의 우정과 슬픔이 장면 곳곳에서 느껴진단다.

호메로스가 살았던 고대는 하루가 다르게 전쟁이 일어나는 시기였어. 호메로스는 작품 『일리아스』를 통해 전쟁이 가져오는 비극과 참상을 우리에게 여과 없이 전하고 있지. 이러한 면에서 『일리아스』라는 작품은 전쟁의 아픔을 전하고 전쟁을 반대하는, 고대의 대표적인 반전 문학 작품이라고 평가할 수 있단다.

¤ 파리스의 심판

트로이 전쟁의 진짜 발단은 바로 아킬레우스의 부모인 펠레우스와 테티스의 결혼이었다. 제우스에 의해 인간 펠레우스와 결혼하게 된 바다의 여신 테티스의 결혼식에 모든 신들이 초대되었지만, 불화의 여신 에리스는 초대받지 못했다. 화가 난 에리스는 '가장 아름다운 여신에게'라고 적힌 황금사과를 결혼식장에 던졌고, 여신들 사이에 일대 소동이 일어난다. 결국 헤라와 아테나, 아프로디테 세 여신이 이다 산에서 목동을 하고 있던 파리스에게 심판을 맡기게 되었다. 파리스는 왕자였지만 트로이를 멸망시킬 운명을 가지고 태어났다고 하여 산에 버려진 비극의 주인공이었다. 헤라는 자신을 선택한다면 파리스에게 부귀영화와 권세를, 아테나는 전쟁에서의 빛나는 승리와 명예를, 아프로디테는 세상에서 가장 아름다운 여인을 약속했다. 파리스는 그 중 아프로디테의 제안을 받아들여 세상에서 가장 아름다운 여인, 헬레네를 트로이로 데려가게 되었고, 이로 인해 트로이 전쟁이 일어나게 된다.

¤ 아킬레우스 건

테티스는 사랑하는 아들 아킬레우스를 저승에 흐르는 스틱스 강에 담가, 다쳐도 상처를 입지 않는 불멸의 몸으로 만들었다. 그러나 손으로 발목을 잡고 있었기 때문에 발목 부분은 강물에 닿지 않아 아킬레우스의 치명적인 약점이 되었다. 후에 아킬레우스는 바로 이 부위에 트로이의 왕자 파리스의 화살을 맞아 숨을 거두게 된다. 그 후 사람들은 치명적인 약점을 말할 때 '아킬레우스

건'이라고 하였고, 의학 용어에도 발목의 가장 중요한 힘줄을 '아킬레우스 건'
이라고 하게 되었다.

¤ 트로이의 신관 라오콘의 죽음

세계 유명 박물관 중 하나인 바티칸 박물관에는 헬레니즘 시대의 명작인 '라
오콘'이 전시되어 있다. 이 작품은 트로이의 신관이었던 라오콘이 그의 쌍둥
이 아들들과 함께 거대한 뱀에게 물려 죽는 장면을 실감나게 조각한 것이다.
『일리아스』에서 신들은 두 편으로 나뉘어 각각 그리스와 트로이를 응원하였
다. 트로이를 응원한 신들은 제우스, 아폴론, 아프로디테, 아레스이고, 그리스
를 응원한 신들은 헤라, 아테네, 포세이돈이었다. 전쟁의 막바지 무렵, 명장
오디세우스의 전략으로 그리스 군은 거짓으로 후퇴하면서 거대한 목마를 트
로이에 선물이라고 남기고 간다. 트로이 인들이 그리스 첩자인 시논의 말만
믿고, 병사 4~50명이 숨어 있는 거대한 목마를 성안으로 들여 놓으려고 했
다. 이에 트로이의 신관 라오콘이 나서서 이를 반대하고 그리스인의 선물을
경계해야 한다고 말하자, 포세이돈이 물뱀을 보내어 라오콘과 그의 두 아들
을 죽였다. '라오콘'은 그 고통스러운 죽음의 장면을 조각으로 묘사한 것으로,
1506년 로마의 산타 마리아 마조레 대성전 근처 포도밭에서 발견된 이후 바
티칸 미술관의 대표적인 작품이 되었다.

헨리크 시엔키에비치
『쿠오 바디스』
(1896)

로마 제국의 크리스트교 박해와 성 베드로와 바울의 생생한 수난기

[독서로 탐구하는 역사] 로마 제정 시대의 폭군 네로 황제

다들 '쿠오 바디스'라는 단어를 들어봤는지 모르겠다. 영화로도 제작된 이 단어는 바로 폴란드 작가인 헨리크 시엔키에비치(Henryk Sienkiewicz, 1846~1916)가 쓴 『쿠오 바디스(Quo Vadis)』란 대작 소설이란다.

소설 『쿠오 바디스』는 고대 로마 제국을 시대적 배경으로 하고 있어. 독일의 유명한 철학자 헤겔은 이런 말을 했지. '고대의 모든 역사는 로마로 흘러 들어갔고, 고대의 모든 역사는 로마로부터 흘러나왔다.'고 말이야. 이 말처럼 찬란했던 고대 그리스 · 로마 문화를 담고 있는 거대한 호수가 바로 로마란다.

전설에 의하면 로마는 기원전 8세기에, 늑대 젖을 먹고 자랐다는 로물루스와 레무스라는 쌍둥이 형제 중 로물루스가 동생을 죽이고 티베레 강가에 세운 나라라고 해. 이후 로마는 기원전 509년에 에트루리아 인이 다스리던 왕정을 무너트리고, 원로원 귀족들이 국가를 통치하는 공화정을 시작하지. 이러한 공화정 체제에서 황제가 다스리는 제정 체제로 변화한 로마의 첫 번째 황제는 옥타비아누스야. 그는 너무나도 유명한 이집트 여왕 클레오파트라와 함께 강력한 경쟁자였던 안토니우스의 연합 함대를 악티움 해전에서 격파했단다. 그러고 나서 로마의 제1시민인 '프린캡스'를 자처하지. 강력한 힘을 갖게 된 옥타비아누스에게 로마의 원로원은 기원전 27년에 '존엄한 자'라는 뜻의 '아우구스투스'의 칭호를 수여함으로써, 본격적인 로마 제정 시대가 시작돼.

로마는 제정 시대에 유럽, 아프리카, 아시아 3대륙에 걸쳐 46개의 속주를 거느리는 대제국으로 성장했어. 『쿠오 바디스』는 로마 제정 시대의 전설적인 폭군 네로 황제(재위 54~68) 때의 이야기란다. 주로 네로 황제의 통치 말기인 AD 63~68년에 일어난 일들을 이야기하고 있어. 이 소설을 이해하기 위해서는 무엇보다도 폭군 네로 황제에 대해 자세히 알아 두는 것이 필요하지. 그럼 네로 황제가 어떤 사람인지 함께 탐구해 볼까?

네로 황제는 로마 제국의 제5대 황제야. 폭군답게 어머니인 아그리피나를 독살하고, 아내인 옥타비아 황후도 죽인 무서운 사람이지. 그의 스승은 로마의 유명한 철학가이자 정치가, 비극 작가였던 세네카였는데, 네로 황제는 그의 영향으로 그리스 예술과 문학, 연극에 깊은 관심을 가지게 되었어. 『쿠오 바디스』에서도 네로의 문학

네로 황제

적 재능과 예술적 감각이 묘사되어 있지. 재위 초기에는 가난한 사람들을 위해 세금을 감면해 주거나 주인에게 부당한 대우를 받는 노예들의 민사 재판을 허용해 주며, 사형을 금하는 등 선정을 베풀기도 했어. 하지만 해가 거듭될수록 예술가로서 문학적 영감을 얻는다는 명목 아래, 도저히 있을 수 없는 비상식적인 행위를 거듭했단다. 또 어마어마한 사치와 방탕에 빠져서 로마인들을 재난의 구렁텅이에 몰아넣었지. 이를 표현한 부분이 바로, 『쿠오 바디스』에서 역동적으로 묘사한 64년에 일어난 로마 대화재야. 로마 대화재는 불길이 6일 밤낮으로 이어지며 로마의 14구역 중 서너 구역 만을 남기고 로마의 사분의 삼을 불바다로 만든 사건이야. 소설에서는 네로 황제가 시적 영감을 얻기 위해 불을 지른 것으로 되어 있지만, 역사적 사실은 그렇지 않아. 로마의 역사가 타키투스에 의하면, 네로는 화재가 발생한 당시에 로마에서 약 80km 정도 떨어진

안티움의 별장에 있었다고 해. 또 화재 소식을 듣자 달려와 화재 진압과 뒷수습에 노력하였다는 기록이 있어. 그가 로마 대화재를 일으킨 사람으로 지목된 것은 대화재 이후에 로마 시내의 삼분의 일에 해당하는 땅을 강제로 사서 호화찬란한 황금 궁전(도무스 아우레아)을 지었기 때문이야. 그 때문에 사람들의 대대적인 원성을 사게 되었지.

미켈란 젤로가 그린 십자가에 못박히는 성 베드로

그리고 네로 황제는 흉흉한 민심의 방향을 돌리기 위해, 기독교인들을 방화자로 몰아서 대대적인 박해를 했어. 예수 그리스도의 수제자인 사도 베드로(?~AD 64)와 사도 바울로(AD10?~AD67?)가 순교한 때도 그의 통치 기간이었단다. 그래서 『쿠오 바디스』에도 사도 베드로와 사도 바울로의 수난과 여정이 생생히 나타나 있지. 소설 속에서 묘사한 크리스트교 박해는 허구의 이야기가 아니란다. 실제 네로 황제는 말로 다 표현할 수 없는 끔찍한 행위를 통해 크리스트교인들을 박해했어. 크리스트교 신자들에게 털옷을 입혀 들개들에게 던져서 찢겨 죽임을 당하게 한다던지, 십자가에 매달려 있는 기독교 신자의 몸에 기름을 둘러 불을 붙인 다음 밤에 등불로 사용하는 것이 대표적인 방법이었지. 그는 결국 폭정을 참지 못하고 일어난 민중들의 반란에서 31살의 젊은 나이로 숨을 거두게 되는데, 『쿠오 바디스』에는 그가 죽는 장면이 마치 독자들 눈앞에서 일어난 것처럼 실감나게 묘사 되어 있단다.

『쿠오 바디스』에는 이러한 네로 황제의 시대를 배경으로, 사치와 향락 속에서 로마 제국의 지배층인 원로원 귀족들이 가졌던 세계관이 무너져 내리는 과정이 역동적으로 그려져 있단다. 그들의 가치를 무너뜨린 사람들은 사회의 밑바닥을 살아가던 노예, 포로, 하층민이었어. 어떻게 그런 일이 가능했을까? 그것은 바로 그들이 어떠한 어려움도 참고 이겨내도록 가르침을 주는 크리스트교의 힘이었어. 『쿠오 바디스』는 타락해 가는 고대 로마 제국의 사회상을 치밀하게 재현하면서, 동시에 이와 대조적인 로마 제국의 하층민들의 삶도 세밀하게 그려내고 있지. 그토록 척박하고 어려운 삶을 살면서도 그들의 얼굴에 희망이 가득한 것은 사랑과 용서, 평등이라는 인류가 가지는 보편적인 가치를 가르쳐준 크리스트교에 의한 것임을 감동적으로 그려내고 있단다.

「쿠오 바디스」의 줄거리

가슴이 두근대는 로맨스 소설을 읽은 적 있니? 남자는 무한한 사랑을 여자에게 주고, 여자는 어떤 어려움이 있어도 남자에 대한 신뢰와 사랑을 잊지 않는 애정 소설 말이야. 그리고 그 고통이 끝나면 둘은 해피엔딩으로 영원히 행복하게 살게 되지.

『쿠오 바디스』는 역사 소설이기전에, 이러한 내용의 플롯을 담고 있는 로맨스 소설이란다. 모든 여성의 우상 같은 멋진 남자 주인공은 바로 호민관이면서 네로 황제 옆에서 권력의 한 축을 쥐고 있는 페트로니우스의 조카인 비니키우스지. 그럼 비니키우스가 한눈에 반해 버린 아름다운 여주인공은 누구일까? 그녀는 로마 제국에 포로로 잡혀온 리기 왕국의 공주인 리기아란다. 그럼 흥미진진하고 격동적인 이 로맨스 소설의 줄거리를 알아볼까?

이야기는 네로 황제의 통치 말년인 64년부터 시작돼. 비니키우스는 로마 제국을 위해 목숨을 바쳐 싸운 자랑스러운 군인으로, 로마 평민의 대표인 호민관으로 활약하고 있는 사람이었어. 그를 든든하게 지원해 줄 뿐 아니라 누구보다 그를 사랑하는 삼촌이 페트로니우스였지. 페트로니우스는 소설을 위해 만들어낸 인물이 아니라 역사 속에 나오는 실존 인물이야. 타키투스라는 역사가의 기록에 의하면, 그는 로마 최고의 부자 중 한 사람이었을 뿐 아니라 네로 황제를 측근에서 보필했던 높은 관리였어. 그러나 방탕하고 사치스러운 연회를 즐기는 로마의 대표적인 쾌락주의자 귀족이어서 금욕주의 철학자였던 세네카의 비난을 받았다고 하지. 하지만 페트로니우스는 소설 속에서 그려진 것 같이 실제 역사에서도 유능하고 행정 능력이 탁월한 인물로 기록되어 있어.

『쿠오 바디스』로 다시 돌아와, 페트로니우스는 눈에 넣어도 아프지 않을 조카 비니키우스를 위해 최선을 다하지. 페트로니우스는 실존 인물이지만, 비니키우스와 그가 사랑하는 리기아 공주는 가상 인물이야. 비니키우스는 탐욕과 향락으로 얼룩진 로마 궁궐의 연회에서 수선화같이 맑은 모습의 리기아를 발견하고 한눈에 반했어. 리기아는 로마에서 금기시 되어 있는 크리스트교를 믿는 여인이었어. 다신교적인 고대 로마 문화에 젖어있던 비니키우스에게 리기아가 한 종교에 헌신하는 모습은 상당한 충격으로 와 닿았단다. 사랑은 모든 것을 감화시키듯이 비니키우스도 결국 리기아의 영향을 받아, 예수의 첫 제자인 사도 베드로에게 세례 성사를 받고 크리스트교도가 된단다.

한편 네로 황제는 자신의 예술적 창작욕을 위해 로마에 대화재가 일어나도록 불을 지르게 하고, 불타는 로마를 바라보며 시를 읊어대지. 그리고 로마 대화재로 거의 폭동이 일어날 지경에 이르자 그 화살을 크리스트교에 돌려버렸어. 크리스트교도에게 대화재의 책임을 덮어씌운 거야. 그 이후로 얼마나 인간이 잔인해질 수 있는 지를 알려주는 크리스트교 박해 사건들이 소설을 가득 채우고 있어.

이 와중에 비니키우스는 삼촌 페트로니우스의 도움을 받아 크리스트교인이기 때문에 감금된 리기아의 탈출 계획을 세우지만 실패하고 말아. 가슴이 타들어가는 아픔 속에서 연인을 구해내기 위해 동분서주하는 비니키우스의 모습이 잘 묘사되어 있어. 결국 리기아는 옷이 모두 벗겨진 상태로 들소의 뿔에 묶인 채 경기장에 끌려나왔어. 피에 굶주린 로마 시민들이 열광하며 새로운 희생자가 죽어가는 광경을 구경하기 위해 기다리고 있는 경기장으로 말이야. 이 부분이 바로 『쿠오 바디스』의 클라이맥스라고 할 수 있지. 그런데 여기서 기적이 일어나. 충성스러운 리기아 공주의 종인 우르수스가 들소를 죽여 버린 거야. 그 틈을 타 비니키우스는 자신이 로마를 위해 몸 바쳐 싸우다가 입은 몸의 상처를 보여주며 시민들을 설득하지. 시민들은 감동을 받아 일제히 리기아를 풀어주라고 요구해. 죽음의 문턱에서 간신히 살아 돌아와 치료를 받는 리기아와 그녀를 한없이 사랑스러운 눈으로 지켜보는 조카 비니키우스에게 페트로니우스는 진심어린 충고를 한단다. 이번에는 그리스도라는 신이 구해 주었지만, 다음에는 어떤 일이 발생할지 모르니 피신할 것을 권하지. 삼촌의 말에 따라 비니키우스는 리기아와 우르수스를 데리고 시칠리아 섬으로 가서 행복하고 편안한 삶을 살게 돼.

하지만 로마에서는 광기 어린 네로 황제가 사도 바울과 사도 베드로를 죽이고, 신하들도 하나 둘씩 죽임을 당했단다. 그리고 마침내 페트로니우스에게도 죽으라는 명령이 떨어지지. 페트로니우스는 역사적 사실에서 자살로 생을 마감하는데, 소설 속에서도 애인 에우니케와 함께 연회석상에서 자살을 했어. 이후 네로 황제도 군대에서 일어난 반란을 도저히 막아낼 수 없게 되자 결국 자살로 생을 끝마친단다.

『쿠오 바디스』의 명장면 들여다보기

『쿠오 바디스』의 명장면을 살펴볼까?

손에 땀을 쥐게 하는 명장면은 비니키우스의 온갖 노력에도 불구하고 리기아가 알몸으로 들소의 뿔에 묶여서 경기장 광장에 등장했을 때야. 흥분한 로마 시민들은 리기아가 들소에 의해 갈기갈기 찢겨 죽는 광경을 보고 싶어 했지. 여주인공이 죽을 수도 있다는 위기의식으로 소설의 갈등이 최고조에 도달하는 거야. 하지만 앞서 말했듯 충복인 우르수스가 거대한 들소의 목을 비틀어 버리는 반전이 일어나자, 시민들의 환호와 갈채가 경기장이 떠나갈 듯이어지지. 이어서 비니키우스의 설득력 있는 주장으로 리기아는 죽음의 위기에서 벗어나게 돼.

이번에는 이 소설의 제목의 의미를 알아볼까? 도대체 '쿠오 바디스'란 무슨 뜻을 담고 있는 것일까? 원래 이 문구는 베드로의 『묵시록』에 나오는 말이야. 그것에 작가가 소설의 이름으로서 상징적인 의미를 부여한 것이지. 소설의 에필로그에서 사도 베드로는 크리스트교 신자들의 강력한 권고로 크리스트교 박해가 진행되고 있는 로마를 탈출하기로 결심해. 그런데 로마 시내를 벗어났을 때 예수 그리스도를 만나게 돼. 예수를 만난 사도 베드로는 갑자기 나타난 예수가 너무 놀라워서 이렇게 질문을 해.

"Quo Vadis Domine?(주여 어디로 가시나이까?)"
"네가 어린 양들을 버렸으니 또다시 십자가에 못 박히기 위해 로마
로 간다."

이 말을 들은 사도 베드로는 잘못을 깨닫고 깊이 뉘우치지. 이
때 길잡이 역할을 하던 소년 나자리우스가 허공에 대고 독백을 하
고 있는 베드로에게 똑같은 말을 물어 봐.
"쿠오 바디스 도미네?"
그러자 사도 베드로가 나지막하지만, 확신에 찬 목소리로 이렇
게 말하지.
"로마로."
실제로 사도 베드로는 로마 황제 시대의 크리스트교 박해로 사
도 바울로와 함께 목숨을 잃는단다. 그것을 소설에서 크리스트교
의 사랑과 용서의 정신으로 그 가치를 극대화 시킨 것이지.

『쿠오 바디스』에서 빼놓을 수 없는 명장면이 하나 더 있어. 바로
네로 황제가 자살하는 장면이란다. 실제 역사에서 네로의 죽음은
자살설과 처형설로 나뉘어져 있어. 반란이 일어난 후 원로원은 그

에게 십자가에 매달린 채 채찍으로 맞다가 죽음을 당하는 형을 선고했어. 자살설은 그러한 형벌을 원치 않았던 네로가 스스로 자신의 목을 찔러 자살했다는 설인데, 『쿠오 바디스』는 이 설을 바탕으로 묘사했지. 또 한 가지 처형설은 네로가 거지의 왕초로 변장하여 어느 그리스 섬에 숨어 있었는데, 총독이 그를 알아보고 원로원에서 명한 것처럼 처형했다는 거야.

그럼 소설에서 묘사한 네로의 자살은 어떤 식이었을까? 그는 떨리는 목소리로 비극 배우와 같이 독백을 늘어놓아. "아아, 위대한 예술가의 죽음이란 이런 것인가?"하면서 말이야. 해방 노예들이 그의 죽음을 재촉했으나 용기가 없는 네로는 차마 스스로 자신의 목을 찌르지 못해. 그때 해방 노예인 에파프로디투스가 네로의 손을 잡고 단도를 목에 깊숙이 찔러 넣지. 네로는 겁에 질린 눈을 하고 허공을 바라보며 숨이 희미해지는 걸 느껴. 그런데 그때였어. 사형이 집행 유예되었다는 소식이 들려온 거야! 이 말을 들은 네로는 기뻐했지만, 이미 너무 늦었다고 하면서 눈을 감아. 그리고 그의 시신은 값비싼 향유에 적신 장작으로 화장된단다.

역사 안에서 본 『쿠오 바디스』

이 소설을 쓴 헨릭 시엔키에비츠는 타타르 계통의 폴란드인으로, 폴란드가 자랑하는 국민 작가이자 신문기자란다. 폴란드의 명문대인 바르샤바 대학 시절부터, 일간지에 비판력이 살아있는 칼럼과 날카로운 글 솜씨가 엿보이는 서평 등을 기고하면서 문학적인 재능을 보였지. 그의 글에는 날선 실증주의 철학이 살아 있어서 읽는 이들의 마음을 끌어들였단다.

『쿠오 바디스』가 세상에 모습을 나타낸 것은 1895년이야. 《폴란드 일보》에 3월 26일부터 연재되었는데, 1896년 2월 29일에 연재가 끝날 때까지 폴란드인들의 열광적인 반응과 지지를 얻었어. 소설 속에 나타나는 네로 황제에게 박해를 받으면서도 굴복하지 않는 크리스트교인들의 숭고한 희생정신이 당시 폴란드의 애국자들의 모습과 같았기 때문이야.

당시 폴란드는 1795년부터 소설이 시작된 시점인 1895년까지 러시아, 프로이센, 오스트리아 삼국에 의해 분할 점령을 당하고 있었어. 이 소설의 명성은 지방에도 전해져서 지방 독자들의 적극적인 연재 요청이 잇따랐지. 결국 크라쿠프 시의 일간지인 《시대 (Czas)》와 포즈난 시의 《포즈난 일보》에도 동시에 연재되었단다. 1896년에는 쿠베트흐네르 · 볼프 출판사에서 전 3권의 단행본으로 출간되기까지 했어. 단행본이 나오자마자 순식간에 팔려나가 12판까지 간행되었고, 러시아 판에서는 발행 4개월 만에 12만 부가 판매되는 엄청난 반응을 얻었지. 이에 힘입어 시엔키에비츠는 폴란드인으로서는 최초로 1905년에 노벨 문학상을 수여받았을 뿐 아니라, 19세기에 출간된 소설 중에서 가장 많이 팔린 책이라는 진기록까지 갖게 됐단다.

시엔키에비츠는 1914년 제1차 세계 대전 이후 스위스에 건너가 폴란드의 독립을 위해 모금 운동에 앞장서는 한편, 폴란드의 전쟁 희생자들을 위한 구호 운동을 위해 노력하다가 숨을 거두었어. 그 자신부터가 폴란드의 민족주의자이자 애국자였지.

『쿠오 바디스』를 통해 그는 폴란드인에게 그들을 지배하는 강대국들을 피하려고만 하지 말고 저항하면 승리의 그 날이 올 것이라는 메시지를 전달하려고 했단다. 이 소설을 단순히 폭군 네로가 저지르는 크리스트교 박해 속에서 피어난 순애보 이야기로만 인식한다면, 그것은 소설을 반만 이해한 것이나 다름없어. 소설을 쓴 작가의 생애를 탐구하고, 국민 작가로 열렬한 사랑을 받았던 시엔키에비츠가 폴란드인에게 던지는 상징적인 메시지를 읽을 수 있을 때 우리는 진정한 문학도로 거듭날 수 있단다.

이뿐만 아니라 『쿠오 바디스』는 어떠한 고난과 역경도 사랑과 신앙의 힘으로 이겨낼 수 있다는 희망의 메시지를 독자들에게 전달하고 있어.

또한 혼탁한 시대에 던져진 물음, 'Quo Vadis Domine?(주여 어디로 가시나이까?)'는 경제적 파탄과 분열, 전쟁의 소용돌이 속에서 살아가는 현대인들에게도 어떤 삶을 살아야 할 것인가를 끊임없이 되묻게 한단다.

¤ 원로원

고대 로마는 기원전 509년에 왕정이 폐지되고 공화정이 실시되었다. 원로원은 로마 공화정을 이끌어 가는 통치 기관이자 집정관에 대한 정책 자문기관이었다. 세나투스(Senatus)라고도 불리는 원로원은 귀족 대표로 구성되었다. 원로원의 기능은 점점 확대되어 정책 결정, 법률 제정, 재정·종교 문제에 있어 절대적인 권력을 휘둘렀다. 그러나 평민회가 성립되면서 원로원이 가지고 있는 권력의 일부를 평민회와 공유해야 했다. 또한 카이사르가 원로원의 결정을 무시하고 무력으로 집권한 이후, 원로원은 카이사르의 지배에 들어갔다. 카이사르의 암살 이후 원로원은 권력을 장악한 옥타비아누스에게 기원전 27년, '아우구스투스(존엄한 자)'라는 칭호를 내린다. 그 후 제정 시대에 들어가자 원로원은 황제에게 완전히 종속된 기관이 된다.

¤ 호민관

호민관(tribunus)은 로마 공화정 시대에 있었던 평민회에서 선출된 평민의 대표이다. 기원전 494년 처음 도입된 이래, 2명이었던 호민관은 10명까지 늘어났다. 평민의 권익을 옹호하고 대변하는 호민관은 원로원에서 선출된 집정관과 함께 로마를 통치하였다. 호민관은 평민회의 의장으로 평민회를 주재하며, 평민들의 요구를 대변하고, 평민의 권리를 지켜 나가고 보호하는 역할을 맡았다. 또한 평민회에서 단독으로 법을 발의할 수 있었고, 원로원의 결정이라도 호민관이 거부권을 행사하면 결정 내용을 집행할 수 없었다. 기원전 2세기, 10년을 사이로 두고 호민관이 되었던 그라쿠스 형제는 자영농민을 위해 토지 재분배를 추진하는 개혁을 실시하다가 원로원 귀족들에 의해 비극적인 죽음을 맞기도 했다.

¤ 로마 제국에서 크리스트교 박해가 일어난 이유

크리스트교는 여호와를 유일신으로 믿는 유대교의 영향을 받아 예수 그리스 도가 창시했지만, 유대인만이 유일하게 여호와로부터 선택받은 백성이라는 선민사상을 비판하고 신 앞의 평등과 사랑의 실천을 강조한다. 예수는 이러한 가르침을 널리 베풀다가 십자가에 못 박혀 죽음을 당했다. 이후 예수의 제자들인 사도 베드로와 사도 바울로 등이 그의 가르침을 열심히 전파했다. 덕분에 크리스트교는 여성과 하층민 등 소외된 사람들 사이에 크게 퍼져 나갔다. 그러나 크리스트교는 우상 숭배 금지를 주장하며 로마의 여러 신들과 황제에 대한 숭배를 거부하여 박해를 당하게 되었다. 네로 황제는 로마 대화재를 크리스트교 신자들의 책임으로 덮어 씌웠고, 디오클레티아누스 황제는 크리스트교 신자들이 군대 입대를 거부한다는 이유로 대대적인 박해를 자행했다. 크리스트교 신자들은 카타콤이라는 땅 속 공동묘지에 몸을 숨기면서도 신앙을 버리지 않았다. 오랫동안 심한 박해 속에 수많은 순교자가 생겨났던 크리스트교는 결국 313년, 콘스탄티누스 대제의 밀라노 칙령에 의해 종교의 자유를 허락받았다. 이어 392년, 테오도시우스 황제 때는 로마의 국교가 되었다.

나관중, 「삼국지연의」

알리기에리 단테, 「신곡」 중 지옥편

Part 02

중세를 배경으로 한 소설

문화의 암흑기 또는 새로운 시작

나관중
『삼국지연의』
(14세기)

위, 촉, 오, 중국의 삼국 시대에 활약한 영웅 호걸들의 전쟁사

[독서로 탐구하는 역사] 삼국 시대

『삼국지』의 원래 제목은 『삼국지연의(三國志演義)』야. 『수호지』, 『서유기』, 『금병매』와 함께 중국을 대표하는 4대 기서(奇書) 중 하나지. 여기에서 '기서'란 내용이 기이한 책이란 뜻이야.

『삼국지연의』는 중국 삼국 시대를 다룬 소설이지. 중국 삼국 시대 때는 우리나라도 고구려, 백제, 신라의 삼국 시대였지. 중국은 기원전 770년부터 221년까지 여러 나라로 분열되어 서로 세력을 다투는 춘추전국 시대가 계속되었어. 이러한 중국의 분열을 통일한 사람이 바로 진시황이지. 하지만 중국 최초의 통일이라는 위업을 달성한 진나라(秦, BC 221~BC 206)는 15년 만에 멸망하고, 항우와 유방이 치열한 격전을 벌이는 초한전 시대로 넘어갔어. 이어 유방, 바로 한고조가 세운 한나라(漢, BC 206~AD 220)로 통일이 된단다. 7대 황제인 한무제 통치 시절에 우리나라 최초의 국가인 고조선이 멸망당하기도 했지. 한나라는 황제의 외척인 왕망이 세운 신나라(新, AD 8~23)에 의해 15년간 잠시 멸망했다가, 유수라는 한 황실의 유능한 인물에 의해 재건국됐어. 그래서 신나라 전의 한나라를 전한(前漢, BC 206~AD 8), 신나라 멸망 이후의 한나라를 후한(後漢, 25~220)이라고 해.

앞 이야기가 길었지? 이제 나관중(羅貫中, 1330?~1400?)의 『삼국지연의』가 탄생하는 본격적인 시대에 대해 이야기할게. 후한은 말기에 이르러 어린 황제들이 제위에 오르면서 환관과 외척, 대토지를 소유한 호족들에 의해 나라가 매우 혼란스러워졌어. 이 틈을 타 184년, 머리에 누런 띠를 두른 사람들이 난을 일으키지. 머리의 누런 띠 때문에 '황건의 난'이라고 불리우는 이 난의 주역은 중국 최초의 도교 교단인 오두미도에서 갈라져 나온 태평도의 우두머리인 장각이었어. 그는 스스로 황제의 자리에 오르려다가 거사 계획이 탄로나자, 전국에 격문을 돌리고 봉기했지.

황건의 난을 흔히 농민들이 대거 참여한 도둑떼라 하여 '황건적의 난'이라고도 해. 당시 농민들은 정치에 관심 없는 무능한 황제와 황제를 속이고 부패 정치의 중심이 된 환관, 지방 호족과 부패한 탐관오리들의 등쌀에 시달리고 있었어. 더구나 황건의 난이 일어나는 시기 전후에 메뚜기 떼가 습격하는 등 가뭄과 흉년 등의 자연재해가 계속 되서 거의 죽을 지경이었지. 황건의 난이 일어난 지 몇 달도 안 되어 세력이 60만 명으로 늘어났다는 사실은, 당시 농민들이 절박한 위기에 처해 있었다는 것을 잘 보여주는 거야.

이렇게 황건의 난으로 후한이 멸망 직전의 큰 혼란에 빠지자, 전국에서 영웅호걸들이 일어나 그 중 대표적 세력들이 각기 나라를 세웠어. 나라를 세운 각 국왕들은 저마다 책사를 데리고 나라를 통일할 수 있는 방책을 내세우며 중국을 삼등분시켰단다. 이 시대를 바로 삼국 시대라고 하는 거야.

이 삼국 시대의 역사를 국가의 명으로 기록한 역사책이 있어. 우리나라의 초기 국가인 부여, 고구려, 옥저, 동예, 삼한에 대한 역사적 사실도 상세히 담긴, 진수가 지은 역사서 『삼국지』야. 진수는 삼국 중 위나라를 계승한 나라인 서진의 역사가란다. 진수의 『삼국지』는 나관중이 쓴 소설 『삼국지연의』의 바탕이 된 가장 중요한 서적이지.

그렇다면 삼국 시대란 어떤 나라들을 말하는 것일까? 삼국은 조비가 세운 위나라, 유비가 세운 촉나라, 그리고 손권이 세운 오나라를 말하지. 연대적으로는 위나라가 가장 빠르게 220년에 건국되었고, 촉나라가 221년, 오나라가 222년에 세워졌어. 삼국이 통일되는 시기는 서진이 오나라를 280년에 멸망시켰을 때이니, 삼국 시대라 하면 220년에서 280년까지의 60년 동안을 말하는 거야. 그러나 많은 사람들이 황건의 난이 일어난 184년부터 삼국 시대가 시작되었다고 생각해. 왜냐하면 삼국 중 가장 먼저 건국된 위나라를 세운 사람은 조비이지만, 그의 아버지인 후한의 승상 조조 때 이미 국가의 기반이 마련되었기 때문이지. 합리적이고 유능한 책략가이기도 한 조조는 후한 말기에 힘없고 유약한 황제를 허수아비로 만들고 멋대로 권력을 주무르고 있던 제후 동탁을 제거했어. 이후 196년에 헌제를 옹립하고 후한의 수도를 허현(지금의 하남성 허창시 동쪽)으로 옮겼지. 이 때 그가 실시한 둔전제는 농민의 민생 안정을 돕는 성공적인 정책으로 평가받고 있어. 이어서 조조는 동탁을 제거했던 여포와 다른 강력한 제후들을 물리치고, 삼국 중 가장 강대한 국가로서의 기반을 확립하지. 조조가 죽은 후 그의 아들 조비는 헌제를 위협하여 제위를 양위 받아 위나라 문제에 오른 후 조조를 무제로 추존한단다.

진수의 역사책인 『삼국지』는 조조가 기반을 닦아 놓은 위나라에 중심을 두고 서술되었지만, 나관중이 지은 소설 『삼국지연의』는 한나라 황실의 후예로 정통성을 가지고 있는 유비가 세운 촉나라(보통 촉한이라고 부른단다)를 중심으로 사건이 전개돼. 또 삼국의 책사 중에서도 유비가 거느리고 있던 제갈공명이 이야기의 중심에 서 있지. 하지만 촉나라는 유비와 제갈공명이 죽은 후 간신들이 날뛰다가, 위나라의 대대적인 정벌에 의해 264년에 삼국 중 가장 먼저 멸망하고 만다.

한편 오나라는 유비와의 연합작전으로 적벽대전에서 조조의 대군을 격파시킨 손권이 세운 나라야. 조조는 손권과 1개월 넘게 대치하다가, "자식을 낳는다면 손권과 같은 자를 원한다."는 말을 남기며 퇴각했다고 해. 오나라는 촉나라가 멸망한 이후에도 중국 북쪽을 모두 통일한 위나라의 위협 속에서 십 수 년을 버텼지만, 결국 위나라를 이은 서진에 의해 280년에 역사 속으로 사라지고 말았어. 『삼국지연의』는 바로 이러한 시대를 배경으로, 실제 역사적 사건에 흥미로움을 더해 주는 세밀하고 박진감 넘치는 묘사와 흥미진진한 갈등 구조를 넣어 탄생한 소설이란다.

「삼국지연의」의 줄거리

『삼국지연의』에 나오는 인물은 천 명이 넘는단다. 그 사람들과 관련된 이야기를 모두 거론하자면, 이 책이 몇 권이라도 모자랄 거야. 그래도 최소한 소설의 중심을 이끌어가는 주인공들은 알아야겠지?

『삼국지연의』는 황건적의 난이 일어나자 천하의 영웅호걸들이 의병을 조직하는데서 시작해. 의병을 이끈 사람들 중에 유비, 관

도원결의

우, 장비가 있었지. 앞으로 『삼국지연의』는 이 세 사람 이야기를 중심 축으로 진행돼. 이들은 의기투합해서 의형제를 맺기로 했단다. 세 사람은 장비의 집에 있는 복숭아 나무 아래에서 의형제를 맺으며 살아도 같이 살고, 죽어도 같이 죽기를 맹세하는데, 이것을 '도원결의'라고 한단다.

이후 황건적은 소탕되었지만, 권력을 잡아 세상을 어지럽히는 동탁을 제거하기 위해 반동탁 연합군이 결성됐어. 유비는 물론, 원소와 조조 등이 모두 참여해 동탁을 물리치는데 힘을 합했단다. 그러자 동탁은 장안으로 무리한 천도를 단행하고, 많은 사람들을 죽음으로 몰아넣었어. 이러한 동탁을 내몰기 위해 천하의 영웅들이 힘을 모으는 사이, 동탁은 여포에게 살해를 당하지. 여포는 동탁 대신 잠시 권력을 잡았지만, 곧 이각 등에게 패하여 장안에서 물러나게 돼. 이제 천하는 한치 앞을 내다 볼 수 없는 형세가 된 거야.

이 와중에 후한의 황제 헌제가 의지할 수 있는 인물을 구하려 할 때, 조조가 헌제를 보호하게 되면서 실질적인 권력을 손에 넣게 된단다. 한편 그 시기에 유비는 우여곡절 끝에 조조의 도움을 받아 서주 지역을 차지하게 되었는데, 그는 조조에게 굴종하기를 거부하고 군사를 일으켰어. 하지만 결국 조조에게 대패하고, 원소와 형주 자사인 유표에게 몸을 맡기게 돼. 이후 201년에 조조는 관도대전에서 원소를 물리치고 중국의 북부를 차지하지. 때문에 다시 한 번 조조와 맞서야 했던 유비는 명성이 자자했던 정치가이자 전략가인 제갈량을 세 번이나 찾아가 책사가 되어달라고 간청했어. '삼고초려(三顧草廬)'라는 말이 여기에서 나온 거야. 유비는 마침내 제갈량, 즉 제갈공명을 자신의 책사로 얻는데 성공했단다.

한편 황건적 토벌과 반동탁 연합군에 참여한 적이 있는 손견은 유표와 싸우다가 전사하고, 그의 장남인 손책이 삼국 중 가장 나중에 건국되는 오나라의 기틀을 마련했어. 그러나 손책은 자객에 의해 뜻하지 않은 죽음을 맞이하게 돼. 그래서 오나라를 건국한 사람은 그의 뒤를 이은 그의 동생 손권이 되었단다.

수많은 인물들이 등장해서 다소 복잡했겠지만 삼국 시대가 형성된 배경을 알게 됐지? 이제 중국은 조조, 유비, 손권에 의해 삼등분되었어. 그 중 가장 강대한 국력과 군대를 소유한 조조가 엄청난 대군을 이끌고 남하했는데, 유비와 손권의 연합군이 적벽에서 불을 이용한 영리한 공격으로 대패시켰단다. 이것이 그 유명한 208년의 적벽대전이야. 이후 형세가 뒤바뀌어 관우의 맹활약이 돋보이는 북벌이 시작됐어. 그러자 조조는 손권과 손을 잡고 관우의 군대를 강릉에서 대패시킨 후, 관우를 죽여 버렸단다. 관우가 죽은 후 얼마 있지 않아 조조도 세상을 떠나고, 그의 아들 조비가 헌제에게서 위나라의 황제 자리를 양위 받아 문제로 즉위했지.

한편 유비도 촉한을 세운 후에, 관우의 원수를 대신 갚기 위해 오나라를 공격하다가 그만 손권 휘하에 있던 군사가인 육손의 공습으로 대패를 당하고 말아. 장비마저 급한 성질을 죽이지 못하고 관우의 원수를 갚으려 오나라로 쳐들어가는 길에, 부하에게 암살을 당해 세상을 떠나지. 223년에 덕망과 인품으로 촉한을 다스리던 유비도 제갈공명에게 어린 아들 유선을 부탁한 후 눈을 감는단다. 제갈공명은 유비의 뜻을 받들어 여러 차례 북벌에 오르지만, 위나라의 방어를 제압하지 못한 채 결국 병에 걸려 세상을 떠났어. 제갈공명이 눈을 감은 후 국력이 약해질 대로 약해진 촉한은 위나라의 군사가인 등애와 종회의 공격으로 역사 속으로 사라졌어. 홀로 남은 강남 지역의 오나라도, 위나라의 황제 자리를 빼앗은 사마의의 손자 사마염이 265년에 세운 서진에게 280년을 끝으로 멸망을 당했지. 이렇게 삼국 시대는 끝이 나고, 나관중의 소설 『삼국지연의』도 대미를 장식하게 된단다.

『삼국지연의』의 명장면 들여다보기

『삼국지연의』의 명장면으로 누구나 손으로 꼽는 대목은 처음에 나오는 '도원결의'야. 복숭아꽃이 흩날리는 가운데 유비를 큰형님으로, 관우를 둘째로, 장비를 막내로 의형제를 맺는 장면이지.

『삼국지연의』는 모든 구절 구절이 명장면이야. 그 명장면 중의 명장면으로, 영화로까지 만들어 진 것이 적벽대전이란다. 208년, 조조는 패권을 다투던 원소와의 싸움에서 승리하고, 손권을 치고 천하를 통일하기 위해 18만 대군을 이끌고 남하했단다. 손권은 유비와 연합하고 있었지만, 군대는 고작 8만여 명뿐이었어. 조조의 군대에는 오랜 진군에 지치고 배 멀미를 하는 병사들이 많았지. 조조 군단은 배 멀미를 막아 보기 위해 배들을 서로 쇠고리로 연결하여 흔들림을 적게 한 다음, 양쯔강변에서 쉬고 있었어. 이것을 보고 손권의 장수 황개가 불을 이용한 화공전을 생각해 낸 거야. 항복하는 척 하면서 조조 군단에 다가가 불을 붙이는 작전이었지. 이 작전은 성공하여 서로 묶어둔 조조의 병선들에 연달아 불이 옮겨 붙었어. 조조 군단은 불을 끄느라 야단법석이었어. 군사들은 불을 피해 강물에 뛰어 드는가 하면, 말들은 불에 놀라 날뛰는 상황이 되었지. 이때를 놓치지 않고 손권과 유비의 연합 군단은 일제히 공격에 나서 조조 군단을 순식간에 대패시켰단다.

『삼국지연의』에는 사람들의 가슴 속에 감동을 가져다주는 명장면도 있어. 유비가 죽고 나서, 촉한의 황제 유선에게 제갈공명이

출사표를 올리고 출정하는 장면이야. 명쾌
하고 수려한 문장과 구구절절한 대목을 읽
어 보면 인간으로서 지켜야 하는 의리와 신
의, 나라에 대한 애국심에 대해 다시 한번
생각하게 되지. 제갈공명의 출사표는 전출
사표와 후출사표의 두 가지가 있지만, 후출
사표는 후대 사람들에 의해 과장되게 미화
되었다는 설이 지배적이야. 보통 제갈공명
의 출사표라고 하면 전출사표를 말하지. 이
출사표를 읽고 눈물을 흘리지 않는 사람은

제갈량

충신이 아니라는 말도 전해진단다. 출사표에는 조조가 치른 전투
와 전략 및 그의 영웅성에 대해 제갈공명이 꼼꼼하게 분석한 내용
도 담겨 있어. 그러나 이렇게 출사표를 던지고 출정한 제갈공명은
위나라에게 패배하지. 특히 그의 지시를 어긴 부하 마속에 의해 요
충지인 가정을 잃게 되었단다. 제갈공명은 진심으로 마속을 아끼
고 사랑했지만, 군기를 어길 수 없어 눈물을 참으며 마속의 머리를
베어 버렸어. 이 때 생긴 고사성어가 '읍참마속(泣斬馬謖)'이란다.

『삼국지연의』를 읽다 보면 저절로 고사성어를 익히게 돼. 그 중
지금까지도 많이 사용되는 고사성어가 앞에도 언급했던 '삼고초려
(三顧草廬)'이지. 유비가 왜 출중한 인물인지를 잘 알 수 있는 부분

이야. 제갈공명을 책사로 등용하기 위해 그를 세 번이나 찾아가서 마침내 목적을 달성한 것을 두고 '삼고초려'라고 한 거지. 무릇 영웅은 사람을 알아보는 심미안과 인내심, 겸손함이 있어야 함을 알려 주는 거란다. 이후 유비는 "내게 제갈공명이 있는 것은 마치 물고기가 물을 얻은 것과 같다."고 말하였는데, 여기에서 '수어지교(水魚之交)'라는 말이 유래했어.

참, 명장면은 아니지만 고사성어 이야기가 나왔으니, 요즘도 많이 사용하는 '괄목상대(刮目相對)'의 유래도 알려 줄게. '괄목상대'란 오나라의 손권이 장수 여몽을 불러 학문을 게을리하는 것을 꾸짖었더니, 그 후 여몽이 학문에 전념한 덕분에 눈을 비비고 상대방을 쳐다볼 정도로 확 달라진 모습을 보였다는데서 유래한 말이야.

조조가 한 말에서 생겨난 고사성어도 알아볼까? '계륵(鷄肋)'이란 먹을 것은 별로 없고, 그렇다고 버리기에는 아까울 때 사용하는 고사성어야. 이 말은 조조가 유비와 '한중'이라는 땅을 놓고 싸울 때, 이 땅을 '계륵'이라 하면서 철수한데서 유래하였단다.

역사 안에서 본 『삼국지연의』

나관중은 원나라 말기와 명나라 초기에 살았던 인물이야. 원래 이름이 본(本)이고 자가 관중(貫中)이지. 『삼국지연의』는 1368년경에 세상에 모습을 나타냈어. 어떤 학자들은 120장으로 되어 있는 이 소설을 나관중이 모두 쓴 것이 아니라, 『수호지』의 작가 시내암이 전반부를 쓰고 나관중은 후반부를 썼다고 주장하기도 한단다.

『삼국지연의』의 가장 오래된 판본의 첫 권에 나관중은 이런 말을 적어 놓았어.

'진평양후진수사전(晉平陽侯陳壽史傳), 후학나관중편차(後學羅貫中編次)'라는 글이야. 무슨 뜻일까? 이 말은 '진나라의 평양후 진수가 지은 역사와 전기를, 후학인 나관중이 그 순서에 따라 다시 엮는다.'라는 뜻이야. 그가 직접 밝힌 이 말을 통해 『삼국지연의』의 바탕이 된 역사서가 진수가 쓴 『삼국지』라는 것을 잘 알 수 있지. 나관중은 이외에도 『후한서(後漢書)』, 『자치통감(資治通鑑)』 등의 역사서는 물론, 민간에서 덧붙여진 이야기도 모두 찾아 모아서 흥미진진하고 박진감 넘치는 『삼국지연의』를 완성했어.

『삼국지연의』에 등장하는 천여 명이 넘는 인물이 모두 역사적 실존 인물이었던 것은 아니야. 그 중에는 나관중이 창작한 인물이 상당수 들어있지.

가장 독자들이 인상적으로 꼽고 있는 도원결의는 실제 있었던 일일까? 실제 있었던 역사적 사실은 아니야. 다만, 세 사람이 정말 친했었기 때문에 그런 일이 있을 수 있다는 개연성은 충분히 있지.

『삼국지연의』가 촉한을 중심으로 서술되었기 때문에 촉한이라는 국가의 위상이 실제보다 더 과장되게 묘사된 점도 생각해 봐야 해. 위나라에 비해 촉한은 영역 면에서나 활약하는 인물의 군상 면에서나, 경쟁이 안 되는 나라였다는 것이 학자들의 평가란다.

인물에 대한 평가도 잘못된 점이 있어. 『삼국지연의』에서 유비는 덕망 높은 국왕으로 묘사되지만, 조조는 탐욕스럽고 포악하며 의심이 많고 사람 죽이기를 즐기는 '간교한 영웅'으로 묘사되어 있지. 이것은 진수가 『삼국지』에서 높이 평가한 조조의 인물상과는 매우 동떨어진 거야. 또 유비, 관우, 장비 중 장비는 성미가 매우 급하고 잘못 판단하는 일이 적지 않은 인물로 그려져 있지만, 진수가 평가한 장비의 모습은 그렇지 않았어. 진수는 관우와 장비를 이렇게 평가했지.

"관우와 장비는 모두 만인지적(萬人之敵)이라 칭해진 당대의 호랑이 같은 장수였다."
"관우와 장비, 두 사람 모두 나라의 뛰어난 선비(국사(國士))의 풍모가 있었다."

그러니, 『삼국지연의』를 읽으면서 그 속에 있는 이야기가 모두 역사 사실이라고 믿으면 안 되겠지?

　그렇다 하더라도 『삼국지연의』를 읽지 않고서는 중국사에 대해 이야기할 수 없을 정도로, 중국사와 관련한 수많은 정보와 인생에 도움이 되는 생생한 이야기가 가득해. 한 번만 읽을 것이 아니라 시간이 될 때마다 여러 번 보면, 매번 읽을 때마다 좋은 교훈을 얻을 수 있단다. 책장에 꽂아 두고 애독서로 열심히 읽어보기를 권할게.

¤ 『수호지』, 『서유기』, 『금병매』

명나라 때 완성된 4대 기서에는 『삼국지연의』와 『수호지』, 『서유기』, 『금병매』
가 있다. 『수호지』는 시내암이 원나라 시대에 쓴 소설로, 역사적 사실과 민간
에서 유행한 희곡과 구어체 소설을 모아 완성하였다. 양산박에 모인 108명의
영웅호걸이 당시의 부패한 관료들과 무력 투쟁을 전개하는 흥미진진한 이야
기 속에서 신분제도와 봉건적인 통치의 모순을 그려내고 있다.

『서유기』는 명나라 때 오승은이 지은 신화 소설로, 당나라의 고승 현장 법사
가 서역을 다녀온 이야기를 모아 손오공을 중심으로 박진감 넘치는 이야기를
구성해 냈다. 마지막으로 『금병매』는 문인 소소생이 지었다고 전해지는데 장
편 애정 소설로, 생약을 파는 상점을 경영하는 서문경이 반금련과 이병아를
첩으로 얻는 과정에서 저질러지는 추악한 패륜 행각 속에 명대 사회의 부패
상과 밑바닥 서민생활이 잘 나타나 있다.

¤ 관도대전

후한 말기인 200년에 큰 세력을 잡고 있었던 원소와 조조가 관도(官渡 : 현재
의 허난 성 중무 현 근처)에서 벌인 큰 싸움을 말한다. 적벽대전과 함께 삼국 시
대의 세력 흐름에 큰 역할을 하였다. 안량이 조조의 공격으로 백마(하남성 황
현)에서 대패하고 문추마저 죽음을 당하자, 원소는 10만 군사를 일으켜 관도
까지 조조를 추격했다. 싸움은 지구전 양상을 띠어 군량미가 넉넉지 않은 조
조가 매우 불리하였으나, 부패한 원소 측 장군인 허유와 장합의 투항에 힘입

어 조조의 승리로 끝났다. 관도 전투 이후 원소와 조조는 황하를 두고 1년간 대치하였으나, 원소가 건강이 악화되어 숨을 거둔 후 조조가 원소의 아들 원상과 조카 원담 사이의 내분을 이용해 원소 진영을 완전히 무너트렸다.

¤ 서진

삼국 중 가장 먼저 멸망한 나라는 유비가 세운 촉한이다. 촉한은 조조의 아들인 조비가 세운 위나라에 의해 멸망을 당하였다. 그러나 삼국의 천하를 통일한 것은 위나라가 아니라 위나라를 멸망시킨 진나라이다. 진나라를 세운 사람은 위나라 중신으로, 제갈 공명의 북벌을 막아낸 사마의(사마중달)의 손자인 사마염이다. 그는 265년 위나라 5번째 황제인 조환에게 선양을 받아 진나라를 세웠다. 그리고 마침내 삼국 중 마지막으로 남아있던 손권의 오나라를 280년에 멸망시키고 천하를 통일하였다. 그러나 사마염은 사치와 향락에 빠졌고 지방에서는 독립적인 군사를 거느리고 있는 제후들이 '팔왕의 난'을 일으켜 16년 간 서로 세력 경쟁을 했다. 그러다가 유목민족을 끌어들이면서 유목 민족들이 대거 중국으로 밀려 들어오게 되었다. 특히 흉노족인 유연이 한을 세우더니 진나라 2대 황제 때 영가의 난을 일으켜 회제를 잡아 죽이고 진나라 수도인 뤄양을 함락시켰다. 결국 진나라는 316년, 건국 52년 만에 멸망했다. 이 때 마침 지방의 건업에 있던 황실 일족인 사마예가 호족들의 추대를 받아 강남에서 317년에 동진을 세우니, 화북에 있던 진은 서진으로 불리게 되었다.

알리기에리 단테
『신곡』 중 지옥편
(1321)

**중세 크리스트교가 지배하는 사회의
내면을 들여다볼 수 있는 순례 여행기**

[독서로 탐구하는 역사] 교황파 vs 황제파

인문학을 한다는 사람이라면 반드시 읽어야 할 중세 최고의
명작이 있어. 그 작품이 바로 이탈리아 사람인 알리기에리 단테
(Alighieri Dante, 1265~1361)가 쓴 『신곡(La Divina commedia)』이란
다. 호메로스의 『일리아스』처럼 『신곡』은 소설이 아니라, 제목 그
대로 시로 표현된 곡(曲, canto)으로 이루어진 작품이야. 곡 하나가
136~151행으로 이루어져 있는데, 이러한 곡이 모두 100개나 된
단다. 당시 이탈리아에서 창작되는 시는 보통 한 행이 이탈리아어
11음절로 되어 있었어. 그런데 『신곡』은 11음절의 시행이 총 1만

단테

4,233개나 되니 정말 입이 다물어지지 않을 정도의 대 작품이라고 할 수 있지.

단테가 살았던 시대는 13세기에서 14세기야. 당시 이탈리아는 수많은 도시 국가로 나뉘어 있었어. 특히 베네치아, 밀라노, 피렌체 등의 도시 국가는 십자군 원정 과정에서 동방 무역으로 막대한 부를 쌓게 된단다.

단테는 1300년에 그 중에서도 부유한 도시 국가 피렌체를 다스리는 6명의 최고 정무위원 중의 한 사람으로 선출되었지.

그렇다면 13세기에 서유럽의 모습은 어떠했을까? 인노켄티우스 3세는 이런 말을 했어. "교황은 해, 황제는 달"이라고. 여기에서 황제는 신성로마제국의 황제를 말하는 거야. 한마디로 13세기의 서유럽에서 교황의 권위가 신성로마제국의 황제보다 더 높았다는 말이지. 그럼 신성로마제국은 어떤 나라를 말하는 것일까? 962년에 독일의 오토 1세는 유목 민족인 마자르 족의 침입을 막아내어 유럽을 이민족의 침입에서 구하고, 크리스트교 세계를 지켜 냈어. 또 로마까지 달려가 교황을 괴롭히는 이탈리아 귀족도 물리쳐 줬지. 이에 깊이 감격한 교황 요하네스 12세가 그에게 신성 로마 제국 황제의 관을 수여한단다. 이후 독일의 국왕을 신성로마제국의 황제라고 부르게 된 거야. 하지만 교황이 주도적으로 일으킨 십자군 전쟁이 200여 년 만에 실패로 끝난 것 때문에 교황의 권위가 추락하기 시작해. 이런 가운데 유럽 각국은 교황파와 황제파(신성로마제국 황제를 지지하는 파)로 나뉘어 정치적 갈등이 더욱 심해지기 시작했단다.

그런데 이걸 어쩌지? 우리가 탐구하려고 하는 『신곡』의 작가 단테도 그 싸움에 휘말려 인생이 두 동강나고 말았단다. 그게 무슨 말이냐고?

단테의 고향 피렌체 공화국도 교황을 지지하는 흑파와 신성로마제국 황제를 지지하는 백파가 치열한 정치적 다툼을 벌이고 있었거든. 그런데 교황이 피렌체 공화국의 백파를 몰아내기 위해 군대를 불러들인 거야. 1301년, 황제를 지지하는 백파였던 단테는 교황과 담판을 짓기 위해 로마로 향했지. 그런데 단테가 떠난 피렌체에 교황을 지지하는 흑파의 쿠데타가 일어나 6명의 최고 정무위원을 모두 흑파로 바꾸어 버렸지 뭐야. 급기야 1302년 1월 27일, 흑파는 백파인 단테를 철저히 매장시키기 위해 그에게 뇌물을 수수했다는 혐의를 씌운 후, 2년 동안의 추방과 엄청난 금액의 벌금형까지 내렸어. 그 뿐만이 아니야. 그의 공직 자격을 영구히 박탈한다는 칙령까지 발표되었지. 단테는 도저히 기일 내에 그 엄청난 금액의 벌금을 낼 수가 없었어. 결과는 어떻게 되었을까? 결국 그에게 사형 선고가 내려졌어. 기막힌 노릇이었지.

단테는 당시 자신의 마음을 신곡 첫머리에 써 놓았어. 인생 여정의 중간에 올바른 길을 잃고 캄캄한 숲(una selva oscura)에 갇혔다고 말이야.

이러한 정치적 배경을 바탕으로 쓰인 『신곡』에는 13세기~14세기의 서유럽 중세 크리스트교 세계의 바탕인 헬레니즘과 헤브라이즘이 곳곳에 흐르고 있어. 여기에서 헬레니즘이란 무엇일까? 헬레니즘은 고대 그리스인을 의미하는 '헬렌(Hellen)'이라는 그리스어에서 유래했어. 단어 그대로 해석하면 '그리스인과 같은 문화'를 말하지. 헬레니즘이 탄생하게 된 것은 마케도니아 왕국의 알렉산드로스 대왕이 행했던 동방원정 때문이야. 그는 정복한 곳마다 그리스인을 이주시키고 그리스 문화를 널리 전파시키기 위해 노력했는데, 그 과정에서 그리스 고유 문화와 이집트, 서아시아, 인도 등의 동방 문화가 융합되었지. 단테의 『신곡』에서 헬레니즘을 상징하는 인물은 이 작품의 화자인 단테를 지옥, 연옥, 천국으로 인도하는 고대 로마의 시인 베르길리우스야. 그는 서사시 『아이네이스(Aeneis)』를 지은 사람인데, 단테가 가장 존경하는 시인이었지.

그렇다면 헤이브라이즘은 무엇일까? 헤브라이즘은 서유럽 중세 사회를 지배하고 있던 크리스트교 사상을 말하는 거야. 한마디로 서유럽 중세의 시대적 조류였지. 헤브라이즘이라고 부르는 이유는 고대 서아시아의 가나안 땅에 살던 헤브라이인이 믿던 종교와 정신, 사상을 크리스트교가 계승했기 때문이야. 단테 자신도 성 프란체스코 수도회 계통의 학교에서 라틴어와 철학을 공부했고, 크리스트교가 국교인 피렌체 공화국의 최고 정무위원을 역임했지. 그 때문에, 그의 머리에서 발끝까지 관통하는 사상은 바로 헤브라이즘이었어. 그런 의미로 『신곡』에서 표현된 지옥, 연옥, 천국으로의 여행은 바로 헤브라이즘이 넘실거리는 바다를 항해하는 것과 같단다.

『신곡』의 줄거리

그럼 단테가 심혈을 기울여 창작한 『신곡』으로 본격적인 여행을 떠나볼까?

이야기는 아주 간단해. 1300년, 부활절의 성(聖)금요일을 하루 앞둔 목요일 저녁, 잠이 들은 단테가 문득 자신이 35세로 이미 인생의 반을 살았다는 걸 느꼈어. 그리고 그 순간 캄캄한 인생의 숲 속에서 길을 잃었다는 걸 깨닫지. 혼란스러워하는 그의 앞에 갑자기 세 마리의 야수가 길을 막아. 표범과 사자, 그리고 암늑대였어. 여기에서 표범은 육체의 욕망을 상징해. 사자는 교만을 상징하고,

암늑대는 탐욕을 나타내지. 이 야수들을 만나 두려움에 떨고 있을 때, 그가 멘토로 여기며 존경하던 고대 로마 제국의 시인인 베르길리우스가 앞에 나타나. 베르길리우스는 단테에게 자신과 함께 영혼을 정화시킬 수 있는 영적인 여행을 떠나자고 제안하지. 단테는 그 제안을 받아들여 베르길리우스와 함께 일주일 동안의 여행을 떠나게 돼.

단테는 지옥에서 3일, 연옥에서 3일을 보낸 후 베르길리우스와 작별하고 천국으로 향하지. 그런데 천국에 오르기 전, 자신이 평생을 사랑했던 아름다운 여성인 베아트리체를 만나게 돼. 그녀는 24살에 숨을 거두었는데, 베아트리체의 다정함과 우아한 아름다움은 단테가 평생 동안 그녀를 사랑할 수밖에 없도록 만들었단다. 그는 56세에 세상을 떠나던 마지막 순간까지도 베아트리체를 그리워했지. 그래서 단테는 자신의 작품에서 목숨보다 더 사랑하는 여인을 천국과 가까이 있도록 배치한 것 같아.

여행을 하는 동안 단테는 역사 속에 등장하는 600여 명의 사람들을 만난단다. 우리가 역사책 등을 통해 알고 있는 역사적인 교황, 국왕, 제후, 예술가 등 다양한 인물들을 만나고, 범죄자는 물론 단테의 어릴 적 친구들과 친척들도 만나. 그렇게 돌아다니다가 드디어 천국에 올라 여행을 마치게 되는 마지막 날, 천국의 찬란하게 빛나는 영혼의 바다를 보았어. 그것을 본 단테는 신앙심으로 가득

차서 하느님에 대한 경이로움을 가슴에 간직한 채 지상으로 돌아오게 된단다. 이렇듯 방대한 작품인 『신곡』의 내용을 여기에 모두 소개하는 것은 조금 무리겠지?

그래서 지옥, 연옥, 천국 중 청소년들이 가장 궁금해할 만한 '지옥' 부분을 탐험해 보려고 해. 여러분이 생각하는 지옥은 어떤 곳이야? 가장 끔찍하고 징그러운, 또는 잔인한 것들이 모두 모여 있는 곳?

16세기에 그려진 『신곡』 속 지옥
오른쪽엔 천국이, 왼쪽엔 지옥이, 뒤쪽엔 연옥이 있다

단테는 지옥의 모습을 이렇게 그렸어. 지표면에서 시작해서 지구 가장 깊은 곳까지 거대한 원뿔 형태로 된 아주 무시무시한 곳으로 말이야. 악과 증오가 넘실대고 코를 틀어막을 만큼의 악취가 진동하는, 증기로 가득 찬 곳이지. 그럴 수밖에 없는 것이, 지옥에는 더러운 비와 열풍과 우박이 항상 쏟아져 내리기 때문이야. 이러한 지옥에 단테와 베르길리우스가 도착하니 그들 눈앞에 깨져 있는 청동 지옥문이 나타났어. 그 이유는 지옥에 방문한 예수 그리스도를 악마들이 공격하자, 그리스도가 지옥의 문을 부숴 버렸기 때문이야. 지옥의 입구 문 위에는 이런 문구가 적혀 있었어.

"여기로 들어오는 자들이여, 희망을 버려라!"

이 말에 단테가 오싹해 하고 있는데, 갑자기 주위가 어두워지더니 무척이나 끔찍한 비명이 들려왔어. 사실 이곳은 연옥이었어. 연옥이 무엇이냐고? 연옥은 지옥과 천국 중 어디로 갈 것인지 아직 정해지지 않은 사람들이 고통을 당하는 곳이란다. 연옥을 지나 두 사람은 드디어 땅속 깊숙이 자리 잡고 있는 깔때기 모양의 거대한 어둠의 바다에 도착했어. 지옥은 아홉 영역으로 되어 있는데, 나선형 모양의 계단처럼 생겨서 깊이 들어가면 들어갈수록 지옥에서 살아야 하는 사람들의 고통이 더 커지는 구조란다.

첫 번째로, 제1계단을 도는 부분에는 태어나자마자 숨을 거둔 아기들과 예수 탄생 이전의 고대 그리스의 문학가와 철학자, 과학자들이 있었지. 호메로스를 비롯하여 소크라테스와 그의 제자인 플라톤, 기하학의 대가 유클리드, 천문학의 대가 프톨레마이오스가 모두 이곳에 있었어. 이어 제2계단을 도는 곳에는 클레오파트라와 같은 육체적 욕정에 빠진 자들이 쉴 새 없이 폭풍우에 휩쓸리는 벌을 받고 있었어. 제3계단을 도는 부분에는 식욕을 멈추지 못한 폭식과 폭음의 죄인들이 더러운 눈과 비를 맞으며 자신이 싼 배설물 위에 앉아 있었어. 뿐만 아니라 케르베로스가 끊임없이 이들을 물어뜯고 있었지. 케르베로스는 〈해리 포터〉 시리즈를 통해 잘 알려져 있는, 지옥의 문을 지키는 개야. 그냥 개가 아니라 머리는 세 개, 꼬리는 뱀, 목 주변에는 수많은 뱀들이 우글거리는 무서운 모습이란다. 그곳을 지나 제4계단을 도는 곳에는 돈을 쓸 줄 모르는 인색한 자와, 반대로 펑펑 낭비한 자들이 자신들의 돈이 들어 있는 무거운 돈 주머니를 계속 돌리고 있었어. 제5계단을 도는 곳에는 분노가 많은 자들이 깊은 진흙 속에 빠져 허우적대며 벌을 받고 있었지. 그곳을 돌아내려가면 지옥의 강인 스틱스 강이 흐르고 지하의 신인 디스의 성벽이 높게 둘러쳐 있었단다.

끔찍한 곳들을 겨우겨우 지나 제6계단을 도는 곳에 이르니, 이단자들이 훨훨 타오르는 불에 화형을 당하고 있었어. 그들 중에는 영혼이 없어진다고 주장한 헬레니즘 시대의 철학자 에피쿠로스도 있었지. 제7계단을 도는 곳에서는 폭력을 휘두르는 사람이나 자기 자신에게 폭력을 입힌 자살자 혹은 신성 모독을 한 자들이 무시무시한 벌을 받고 있었어. 제8계단을 도는 곳에는 열 개의 악의 구렁이 있는데, 남을 등치고 속인 자, 사기를 저지른 자, 피렌체에서 그를 모함에 빠트리며 위선을 부렸던 자들, 아첨을 한 자 등이 펄펄 끓는 기름 가마 속을 떠 다녀야 하는 끔찍한 고통을 겪고 있었단다. 제8계단과 마지막인 제9계단 사이에는 아주 깊고 큰 우물이 있는데, 이 우물 둘레에 있는 쇠사슬을 거인들의 몸에 묶어 무거운 벌을 주고 있었어. 단테와 베르길리우스는 그 중 한 거인의 도움을 받아 마침내 제9계단을 도는 곳에 도착했지. 이곳에는 국가와 가족, 스승과 부모 등의 은혜를 배반한 자들이 차디 찬 얼음 속에 갇혀 고통을 겪고 있었어.

자, 어때? 단테가 상상했던 지옥의 모습을 간추리면서 저절로 몸이 오싹해졌어. 나도 그동안 했던 일을 돌아보니 너무 많은 죄를 짓고 있었던 거야. 이 책을 읽는 여러분도 저 죄목 중에 내가 저질렀던 것이 있는지 다시 한번 살펴보고 반성해 보는 것도 괜찮을 것 같아. 또 내가 만약 단테라면, 어떤 죄를 가장 안 좋게 생각하는 지에 대해 스스로 단계를 매겨 어떤 9단계 지옥의 모습을 구성할 것인지도 생각해봐도 좋지.

『신곡』의 명장면 들여다보기

신곡은 모든 장면을 명장면으로 꼽을 수 있을 정도로 훌륭한 작품이야. 치밀한 구성, 폭발적으로 쏟아지는 상상력, 사실적인 묘사 덕분에 눈앞에서 실제를 보는 것 같은 착각을 일으키지.

그래도 그 중에서 최고의 명장면을 고른다면, 단테가 제8계단을 도는 곳에서 뜻밖의 인물과 마주치는 장면이야. 누굴까? 놀랍게도 교황 니콜라우스 3세였어. 예수 그리스도의 첫 번째 제자인 성 베드로를 계승한 사람들이 바로 교황이잖아? 그런데 그 교황이 지옥에 와 있는 거야. 이미 몸통 전체가 악의 수렁에 거꾸로 처박혀 있고, 밖으로 나와 있는 것은 불이 붙은 발뿐이어서 교황은 단테가 누구인지 알아보지도 못하지. 교황 니콜라우스 3세는 단테가 보니파키우스 8세라고 생각하고 대화를 나눈단다. 이제 새로운 교황이 왔으니 자신은 이미 다른 교황이 처박혀있는 더 깊은 악의 수렁 속으로 내려갈 거라고 생각한 거야. 이 장면은 세상에서 제일 존엄하고 신적인 존재라고 여겨지는 교황들이 사실 얼마나 부패했는지를 단테가 적나라하게 비판한 부분이란다.

단테 스스로 〈지옥편〉에서 최고의 명장면으로 손꼽는 장면은, 지구 제일 깊숙한 곳까지 내려갔을 때 단테가 목격한 장면이야. 그곳에는 악마 루시퍼가 날개를 퍼덕이며 영원히 빠져나오지 못하는 얼음 속에 갇힌 세 사람의 머리통을 게걸스럽게 갉아 먹고 있었어. 루시퍼는 악마 중의 악마를 말해. 차마 쳐다보기 힘들 정도로 보기 흉한 루시퍼의 일그러진 뺨 위로는 피가 줄줄 흐르고 있었지. 루시퍼가 세 사람의 머리통을 계속 갉아 먹어도, 이들의 머리통에는 또 새 살이 돋기 때문에 끔찍한 고통은 영원히 계속되는 거란다. 그렇다면 그 세 사람은 누구일까? 카시우스(Cassius), 브루투스(Brutus), 유다(Judas)야. 아, 유다는 잘 안다고? 맞아, 예수 그리스도를 몇 푼의 돈에 눈이 어두워 팔아 버린 작자야. 배신의 대가인 거지. 그렇다면 카시우스와 브루투스는 누구일까? 은혜를 원수로 갚은 대표적인 배신자들이지. 고대 로마의 독재가였던 카이사르를 암살한 사람들이야. 두 사람 모두 카이사르가 아니었다면 결코 그 자리에 오를 수 없었던 사람들이지.

이외에도 영국의 헨리 왕자를 꾀어 내어 아버지 헨리 2세를 배신하도록 했던 영국의 베르트랑이 자신의 잘린 목을 들고 어슬렁거리며 돌아다니고 있는 장면도 있어. 베르트랑은 실제로는 헨리 2세의 사면을 받아 수도사로 살다가 죽었지. 그런데 단테는 배신 행위를 부추긴 베르트랑을 용서할 수 없어 이런 무서운 형벌 속에 살고 있는 것으로 묘사한 거야.

역사 안에서 본 『신곡』

단테의 『신곡』은 1308년 이전에 처음 쓰이기 시작해서 그가 눈을 감기 바로 전 해인 1321년에 완성된 작품이야. 단테는 이 작품에 조국으로 돌아갈 수 없었던 자신의 정치 인생에 대한 울분과, 피렌체 공화정에 대한 통렬한 비판 의식을 담았지. 지옥에서 고통에 빠져 있는 사람들 중에는 무능하고 부패한 교황으로 이름 높은 니콜라오 3세, 보니파키우스 8세, 요한 22세, 클레멘스 5세 등이 있었고, 자신에게 사형선고를 내린 정적도 빠짐없이 지옥 속에서 헤매고 있게 만들었어. 이것은 글을 쓰는 문학가 만의 특권이지. 또한 역사 속에 나오는 대표적 인물 중 민중의 지탄을 받으며 배신 행위를 저질렀던 정치가들도 지옥에 갇혀 말로 다할 수 없는 고통 속에 허우적대게 만들었단다.

『신곡』이 발표된 후 단테에 대한 찬사가 쏟아지기 시작했어. 덕분에 그가 56세에 북부 이탈리아의 라벤나 성에서 눈을 감았을 때, 당시 유럽을 대표한 최고의 비평가와 문학가들이 모여 성대한 장례식을 치루고 그의 죽음을 애도했지. 하지만 그것은 『신곡』에 대한 찬사의 시작에 불과해. 그가 세상을 떠나고 700여 년의 세월이 흐른 지금까지도 단테의 상상력과 창의력, 비판력에 감탄한 세계의 독자와 문필가들의 극찬이 끊이지 않고 있지. '이탈리아 문학의 아버지', '불후의 명작', '모든 문학의 절정', '서양 문화에 대한 총체적 백과사전', '인류 문학사상 불후의 금자탑' 등등!

어때, 굉장하지?

하지만 물론 단테가 중세의 사람이었기 때문에, 내용의 일부분이 중세인의 사고에 머무르고 있다는 한계점도 가지고 있어. 예를 들면, 크리스트교가 아닌 이슬람교를 창시한 무함마드는 지옥에서 고통 받을 것이라고 묘사했기 때문이지.

또 소크라테스나 플라톤과 같은 예수 이전의 고대 철학가들을 지옥으로 갈 것이라고 생각한 것에서, 다신교를 믿었던 고대 그리스 사람들에 대한 편향적 시각을 보여 주고 있어.

참, 『신곡』의 원래 제목은 『희극(Commedia)』이었어. 단테가 말하기를, 희극은 어떤 추한 것으로부터 시작되어도 행복한 결말을 맺게 된다고 했지. 마치 지옥으로부터 시작된 여정이 연옥을 거쳐 천국에서 끝나듯이 말이야. 그런데 제목이 『신곡』이 된 것은 『데카메론』의 저자로 유명한 보카치오가 단테의 생애를 쓰면서 이 작품에 대해 'Divina(성스러운)'이라고 표현하며 경의를 표한 것에서 시작돼. 1555년, 로도비코 돌체라는 출판업자가 그의 코멘트에 착안해서 단테의 책을 새로 발행할 때 원래 제목이던 『희극

(Commedia)』에, 성스럽다는 뜻의 'Divina'를 붙여 『성스러운 희극 (La Divina commedia)』이라고 부르게 된 거야. 그런데 우리나라에 번역된 작품들은 왜 『신곡』이라고 부를까? 그것은 일본 사람들의 번역을 그대로 사용했기 때문이니 알아 둬.

이렇듯 온갖 극찬을 받는 작품 『신곡』은 서양의 정치, 문화, 사회, 역사, 예술을 총 망라한 종합 백과사전과 같아. 그의 작품을 진정 이해하기 위해서는 많은 역사 공부가 필요하지. 『신곡』의 〈지옥편〉에서 어떤 사람이 벌을 받고 있다면, 그가 역사적으로 무슨 일을 했던 사람인가를 알아야 왜 그러한 벌을 받고 있는지를 알 수 있거든.

『신곡』은 이탈리아 문학 발전에도 큰 영향을 끼쳤어. 그 이유는 작품을 쓴 언어가 당시 서유럽 중세 사회를 지배하는 상류층이 사용하는 라틴어가 아니라, 이탈리아 북부 지방 사람들이 사용하는 토스카나 방언으로 적혔기 때문이야. 그 덕분에 보통의 이탈리아 사람들에게 쉽게 널리 읽히면서 열렬한 반응을 불러일으킬 수 있었지. 『신곡』의 성공은 이탈리아 문학의 성공 가능성을 만천하에 보여 준 것과 같았어. 어렵고 고리타분한 라틴어보다, 이탈리아 고유 언어가 더 다양하고 이해하기 쉬운 표현으로 쓸 수 있다는 것을 알렸기 때문이야. 그래서 이탈리아 문학을 크게 발전시킨 『신곡』을 이탈리아 문학의 꽃이라고 평가하는 것이란다.

참, 또 하나의 재미있는 요소는 작품 곳곳에 들어가 있는 숫자의 숨은 뜻을 분석해 보는 거야. 숫자들의 의미에는 헤브라이즘이 반영되어있다는 데 과연 무슨 뜻일까?

단테의 『신곡』에는 '3'이라는 숫자가 곳곳에 의도적으로 들어가 있어. 100편의 신곡도 서곡을 빼면 〈지옥편〉, 〈연옥편〉 그리고 〈천국편〉의 3부로 구성되어 있고, 각 3부는 다시 33개의 서사시로 이루어져 있지. 그뿐만이 아니야. '지옥', '연옥', '천국'은 각각 3의 제곱수인 9단계로 나뉘어져 있단다. 심지어 각 시의 운율 체계도 3운구법으로 되어 있어. 도대체 단테는 왜 이렇게 '3'이라는 숫자를 좋아하는 것일까?

그것은 숫자 3이 서유럽 중세 시대에 숭배된 '삼위일체'를 상징하기 때문이야. '삼위일체'란, 하느님인 성부와 그의 아들인 성자 예수 그리스도, 그리고 성스러운 성령의 세 가지가 모두 하느님 실체 안에 존재한다는 크리스트교의 가르침이지.

앞서 말한 『신곡』이 후대에도 엄청난 사랑과 찬양을 받았다는 사실을 기억하지? 그 덕분에 예술가들의 창의적인 영감에도 많은 영향을 주었는데, 알기 쉬운 예를 들어 줄게. 세계적인 조각가 로댕(Auguste Rodin, 1840~1917)의 〈생각하는 사람〉을 본 적이 있지? 그 〈생각하는 사람〉은 단테가 신곡에서 창작한 '지옥의 문'에 앉아 있는 사람이란다. 근대 조각가인 로댕은 단테를 열렬히 좋아하는 사람이었대. 그래서 자신이 의뢰받은 박물관 입구의 장식을 '지옥의 문' 조각으로 꾸민 거야. 단테가 『신곡』에서 글로 표현했던 지옥의 고통에 시달리는 인간의 군상이 로뎅의 작품 덕분에 눈으로 볼 수 있는 실체가 되어 사람들의 감각을 일깨우지. 창작은 또 다른 창작을 낳고, 그것이 곧 역사가 된단다.

¤ 소크라테스

아테네에서 태어난 소크라테스(Socrates, BC 470~BC 399)는 고대 그리스를
대표하는 철학자이다. 그는 시민의 광장 아고라에서 사람들에게 대화와 토론
을 중심으로 하여 철학을 가르쳤다. 이것을 '소크라테스 문답법'이라고 한다.
그는 사람들 스스로 무지를 깨닫게 함으로써 진리에 한걸음 더 다가갈 수 있
도록 가르쳤다.

그를 따르는 젊은이들이 늘어나면서 소크라테스의 영향력이 확대되자, 소크라
테스는 궤변을 늘어놓는 철학자 '소피스트'로 몰려 사형을 선고 받는다. 당시
의 사형 법에 따라 독배를 마시고 숨을 거두었다. 하지만 그가 죽으며 말했다
고 하는 '악법도 법이다'는 잘못 전해진 말이다. 그가 죽으며 마지막으로 남긴
말은 의술의 신인 아스클레피우스에게 수탉을 잊지 말고 바치라는 말이었다.
또한 소크라테스의 말로 전해지고 있는 "너 자신을 알라"도 델피 신전에 기
록되어 있는 말이다.

¤ 유클리드와 프톨레마이오스

유클리드(Euclid, BC 330?~BC 275?)와 프톨레마이오스(Ptolemaios, 100?~170?)
는 헬레니즘 시대를 대표하는 수학자와 과학자이다. 유클리드가 고대 그리스
의 수학을 정리하여 편찬한 『기하학 원본』은 당시의 지식을 계통적으로 잘 정
리한 저서로, 성서 다음으로 많이 읽힌 책으로 유명하다.

프톨레마이오스는 2세기 중엽에 알렉산드리아에서 활동한 대표적인 지리학

자이자 천문학자로, 오늘날의 학교와 같은 뮤제온(museon)에서 천문학, 점성술, 지리학 등을 배우고 연구했다. 140년경에 『천문학 집대성(Megale Syntaxistes Astoronomias)』이라는 책을 냈는데, 이슬람 제국의 아바스 왕조 사람들이 827년에 이 책을 번역해 내면서 '가장 위대한 책'이라는 뜻의 『알마게스트(Almagest)』라는 이름을 붙였다. 이후 이 책은 지구가 우주의 중심에 있고, 여러 행성들이 지구를 중심으로 순차적으로 위치하고 있다는 천동설을 알리는 역할을 했다.

¤ 보카치오의 데카메론

보카치오(Giovanni Boccaccio, 1313~1375)는 르네상스 시대를 대표하는 이탈리아의 작가이다. 그가 지은 대표적인 문학 작품이 『데카메론』이다. 이 작품은 1348년에 피렌체를 덮친 흑사병을 소재로 지어진 것이다. '데카'는 라틴어로 숫자 10을 가리키는 것이고, '메론'은 '이야기'란 뜻으로, 데카메론을 풀이하면 '10일간의 이야기'란 뜻이 된다. 『데카메론』의 시작은 3명의 청년들과 7명의 숙녀들이 흑사병이 무섭게 퍼져 나가고 있는 피렌체를 탈출하는데서 출발한다. 그들은 피렌체 교외에 있는 별장에서 함께 지내면서 무료함을 달래기 위해 서로 이야기 보따리를 풀어 놓기로 한다. 그들이 풀어놓은 이야기로 구성된 것이 『데카메론』이다. 이런 식으로 『데카메론』에는 10명의 주인공들이 10일 동안 한 100개의 이야기가 흥미진진하게 펼쳐져 있어, 보카치오를 '근대 소설의 선구자'라고 부른다.

미겔 데 세르반테스, 「돈 키호테」

찰스 디킨스, 「올리버 트위스트」

제임스 페니모어 쿠퍼, 「모히칸 족의 최후」

레프 톨스토이, 「전쟁과 평화」

빅토르 마리 위고, 「레 미제라블」

마거릿 미첼, 「바람과 함께 사라지다」

Part 03

근대를 배경으로 한 소설

인간과 자본의 시대를 풍자하다

미겔 데 세르반테스
『돈 키호테』
(1605)

중세 기사의 몰락을 비판한 풍자 문학의 백미

[독서로 탐구하는 역사] 무적함대 에스파냐의 몰락

　에스파냐 사람인 세르반테스(Miguel de Cervantes, 1547~1616)가 쓴 『돈 키호테(Don Quixote)』는 17세기에 유럽에서 유행했던 풍자 문학을 대표하는 작품이야. 작품에는 세르반테스가 삶과 죽음 사이를 넘나들며 겪었던 다양한 경험들이 담겨 있단다. 여러 전투와 알제리에서의 5년 간의 노예 생활 등을 거치며, 인생 밑바닥에 대한 경험이 녹아있는 흥미로운 이야기가 담겨있지.

　세르반테스가 살았던 시대 동안, 그의 조국 에스파냐의 국가적 위상은 천국과 지옥을 오르락내리락했단다. 유럽에서 포르투갈과 함께 가장 먼저 대항해에 나서서 아메리카 대륙에 드넓은 식민지를 소유했을 때는 천국의 기분을 맛볼 수 있었을 거야. 이사벨라 여왕이 지원한 이탈리아 사람 콜럼버스가 1492년에 새로운 대륙 아메리카를 발견하기도 했지. 그런가 하면 마젤란이 이끄는 함대가 1522년에 세계 최초로 세계 일주에 성공하기도 했단다. 에스파냐의 명성이 유럽 전역을 뒤흔들 정도로 쟁쟁했던 시기는 레판토 해전이 일어났을 때야. 레판토 해전이란 1571년 10월 7일에 유럽의 크리스트교 국가들이 신성동맹을 맺어 연합 함대를 구축하고, 코린트 만의 레판토 앞바다에서 오스만 제국과 싸웠던 전투를 말하지. 이 전투에서 연합 함대는 에스파냐 함대의 맹활약에 힘입어 대승리를 거두었어. 당시 오스만 제국 해군의 사상자는 2만 5,000여 명이나 되었지만, 신성동맹의 사상자는 7,500여 명에 지나지 않았지. 이 전투 이후 에스파냐의 아르마다(Armada) 함대는 '무적 함대'로 불리며 유럽 최고의 군사 국가로 우뚝 서게 된 거야.

그런데 이 전투는 세르반테스에게 가혹한 운명을 가져다주고 말았어. 왜냐하면 세르반테스는 레판토 해전에서 총을 몸에 두 발, 왼팔에 한 발을 맞고 말았거든. 그의 표현을 빌리자면, "왼손으로 하여금 오른손의 명예를 높이도록" 평생 동안 왼쪽 팔을 사용하지 못하게 되었단다. 그의 부상은 영웅적 활약상으로 인정되어 훈장 수여자가 되었지만, 귀국하는 길에 해적선을 만나 포로가 되고 말았지. 얄궂은 운명인지, 세르반테스는 알제리로 끌려가 5년 동안이나 노예 생활을 했어. 그동안 그는 기회를 노려 4번이나 탈출을 시도하다가 사형 당할 위기를 겪기도 했단다. 22살, 혈기왕성한 청년으로 전쟁터에 나갔던 그는 11년이 지난 33세 때 겨우 몸값을 치루고 조국 에스파냐에 돌아올 수 있었어. 하지만 세르반테스의 몸값을 구하느라 집안은 풍비박산이 나고, 외과 의사이던 아버지는 노쇠해져 귀머거리가 된 상태였지. 아버지가 돌아가신 후 그는 가족을 먹여 살리기 위해 다시 무적함대의 식량 수급 담당관, 세금 수금원으로 고달픈 행로를 다녀야 했어. 그리고 이러한 경험들은 모두 작품 『돈 키호테』를 이루는 흥미로운 이야기 소재가 되었지.

그러는 사이에 에스파냐는 서서히 지는 해가 되며 지옥을 향해 가고 있었어. 그렇게 된 결정적인 싸움은 1588년에 일어나. 에스파냐의 식민지인 네덜란드가 에스파냐에 반기를 들자, 영국의 엘리자베스 1세는 적극적으로 네덜란드를 지원하여 에스파냐의 분노를 샀어. 또 여왕은 드레이크를 비롯한 영국 해적들이 카리브해의 에스파냐 선박들을 공격할 때도 모른척해서 에스파냐에게 큰 경제적 손실을 입혔지. 이에 화가 난 펠리페 2세는 2년 동안 철저히 준비를 하여 영국과 한판 승부를 벌이기로 했어. 그리하여 1588년 5월 28일, 전함 127척과 수병 8,000명, 육군 1만 9000명의 병력을 이끌고 에스파냐의 리스본에서 출정했지. 이에 맞서 영국의 엘리자베스 1세는 드레이크를 지휘관으로 하여 전함 80척, 병력 8,000명으로 맞섰어.

결과는 어떻게 되었을까? 영국 함대는 수적으로 에스파냐 해군에 비해 약세였으나, 뛰어난 기동력과 드레이크 해독의 해풍을 절묘하게 이용한 군사작전으로 대승리를 거두었어. 처음 출정한 127척 중 다시 에스파냐로 돌아간 배는 고작 54척에 지나지 않았으니 에스파냐로서는 처참한 대패였던 거지. 이후 영국은 해상권을 장악하여 영국 최고의 전성기인 엘리자베스 1세 시대를 열면서 유럽 최강국의 명예를 이어나갔단다. 반면 에스파냐는 해상권을 영국과 네덜란드에 내어주면서, 점차 전 세계 최고 강국의 위상이 무너져 내리기 시작하지. 그런데도 에스파냐 국왕이나 귀족들은 반성의 빛이 없었고 사치와 방탕에 빠져 있었을 뿐 아니라, 중세 봉건제도에 기초한 엄격한 신분제도를 유지시키며 과거의 환상 속에만 빠져 지냈어. 해외에서 인생 밑바닥까지 경험하고 귀국한 세르반테스의 눈에는 이러한 제후와 기사들의 모습이 참으로 한심하게 비쳐진 거지. 세르반테스는 조국 에스파냐를 향해서 이렇게 말하고 싶었어.

"이 정신나간 에스파냐여! 세상이 바뀌었음을 왜 모르는가?

제발 공상 속에 살며 과거만 회상하지 말고, 현실을 직시하시오."

그래서 그는 구시대의 퇴물과 같은 돈 키호테라는 인물을 설정해 소설을 썼어. 돈 키호테의 엉뚱하고 정신이 나간 듯한 행동을 통해 에스파냐 사회에 대해 혹독하고 신랄한 비판의 화살을 날린 거야. 심각한 비판이 아니라, 세르반테스만이 창작할 수 있는 최고의 웃음거리를 만들어 내어 배꼽을 잡고 웃게 만드는 우화적인 내용이 가득하지.

참, 그리고 『돈 키호테』를 제대로 이해하기 위해서는 세르반테스를 공상 속에 빠지게 만든 '기사도 문학'이 무엇인가를 알아둬야 해. '기사도 문학'이란 중세 기사들의 사랑과 모험담을 소재로 하는 문학을 말하지. 기사도 문학에는 기사들이 목숨 바쳐 사랑하는 아름다운 공주나 귀족 여성이 등장해. 손에 땀을 쥐게 하는 기사의 무용담 속에 아름다운 여성과의 애틋한 사랑 이야기가 담겨 있어서 중세 사람들이 즐겨 읽었지. 대표적인 작품에는 프랑크 왕국의 카롤루스 대제의 기사였던 롤랑의 용맹함을 노래한 〈롤랑의 노래〉, 북유럽 신화의 영웅 지그프리트를 중심으로 게르만 전설을 서사시로 노래한 〈니벨룽겐의 노래〉, 영국 켈트 인의 전설에 등장하는 아서왕을 영웅적으로 묘사한 〈아서왕 이야기〉 등이 있어.

세르반테스는 지나간 12세기의 기사도 문학을 17세기가 되어서도 깊이 빠져 읽으면서, 예나 지금이나 현실을 바로 보지 못하는 당대 에스파냐 귀족들의 모습을 돈 키호테를 통해 은근히 비판하고 있단다.

『돈 키호테』의 줄거리

『돈 키호테』의 초판 표지

자, 그럼 『돈 키호테』에 어떤 내용이 담겨 있는지 간단히 줄거리를 알아볼까?

『돈 키호테』는 1605년에 출간된 1부와 그로부터 10년 후 출간된 2부가 있어. 1부가 엄청난 인기를 얻게 되자 속편까지 만들어진 거야. 2부에서는 『돈키호테』의 주인공인 알론소 키하노가 죽음을 앞두고 제정신으로 돌아오는 것으로 끝을 맺는단다. 보통 『돈 키호테』라고 하면 1부를 말하는 거야. 2부는 내용이 어려워서 청소년들이 읽기에는 다소 부담이 되지. 그래서 나도 1부에 대한 줄거리를 살펴보도록 할게.

주인공은 에스파냐의 한적한 시골인 이달고에 살고 있는 몰락한 하급 귀족 알론소 키하노(Alonso Quijano)야. 그는 기사도 문학을 너무 많이 읽어서 그만 자신이 진짜 기사인 것으로 착각하게 돼.

한 마디로 정신이 나간 거야. 그래서 그는 기사에겐 멋진 이름이 있어야 한다고 생각해서, 스스로 자신의 이름을 '돈 키호테 라 만차' 라고 지었단다. 그리고는 기사 작위를 받기 위해 길을 떠나기로 결심하지.

기사가 되기 위해서 꼭 필요한 것은 갑옷과 투구, 그리고 말이야. 그는 조상이 물려준 녹슬고 낡아 빠진 갑옷을 정성껏 손질하고 투구까지 그럴싸하게 쓰고는, 말까지 구해와서 '로시난테' 라는 멋진 이름을 붙여 주었어. 그러나 사실, 이 말은 그의 집에 있던 힘없고 볼품없이 비쩍 말라버린 늙은 말이야. 어쨌든 나름 기사답게 모양새를 갖추고 길을 떠나려니, 기사가 갖추어야 할 요소 중에 한 가지 빠진 것이 있었어. 기사도 문학을 보면 기사가 온 마음을 다해 사랑하고 섬기는 아름다운 여성이 항상 등장하거든. 그래서 그도 자신의 기사도 정신을 바칠 여인을 서둘러 정한 후 역시 자기 마음대로 '둘시네아 델 토보소'라는 휘황찬란한 이름을 붙여 주었어. 그런데 이 여성은 이웃에 있는 농부의 딸 알론사 로렌소였는데, 현실에서 돈 키호테가 마음속으로 사모하고 있던 여인이지.

드디어 한여름의 햇볕이 작열하던 어느 날, 돈 키호테는 방랑기사가 되어 기사 작위를 받기 위해 힘겨워 하는 말 위에 간신히 올라타서 길을 떠나. 저녁 때 한 여관에 도착하는데, 그는 이곳을 성이라고 생각해. 여관에서 술을 마시던 사람들은 술집을 성이라고 하면서 정신 나간 말과 행동을 늘어놓는 돈 키호테를 깔보고 마구 비웃어. 그럴 수밖에 없는 것이, 그가 기사도 문학에 나오는 듯한 허황된 말과 기사들이 쓰는 고어 투의 말씨를 사용했기 때문이야.

그로부터 여러 가지 사건이 일어나면서 재미있는 대사와 사건들이 이어지지. 세르반테스의 다양한 삶의 경험이 없었다면, 결코 그렇게 맛깔스럽게 우스꽝스러운 장면을 묘사할 수 없었을 거야. 돈 키호테는 심지어 상인들에게 자신이 사랑하는 둘시네아 공주를 세상에서 가장 아름다운 여성으로 인정하라고 생떼를 쓰기도 했다니까? 돈 키호테는 모험을 하고 있다고 생각했지만, 사실은 출정한 며칠 동안 내내 얻어터지다가 길에 쓰러지고 만단다, 하하. 하지만 운이 좋았지. 마침 길을 가던 농부가 그를 발견하고 집까지 데려다 주었거든. 정신 나간 행동을 하는 돈 키호테를 보고 큰일 났다고 생각한 페로 페레스 신부와 니콜라스 이발사는 돈 키호테가 정신을 차릴 수 있도록 갖은 노력을 해. 기사도 문학책이 가득한 돈 키호테의 서가에 불을 지를 계획까지 세우는 등 난리를 피웠지만 소용이 없었어.

이미 돈 키호테는 두 번째 원정을 준비해서 착착 실천에 옮기고 있었거든. 기사들은 갑옷이 무겁기 때문에 항상 갑옷을 입혀주고 벗겨 주며, 말 고삐를 잡아 줄 시종이 필요했어. 돈 키호테도 시종을 구해서 그에게 말 고삐를 쥐게 하고 길을 떠나. 그 사람은 누굴까? 깡마른 돈 키호테와 완전히 대조적인, 거대한 풍채에 지식이라고는 거의 없는 무식한 농부인 산초 판사(Sancho Panza)야.

이 우스꽝스러운 모습의 두 사람은 드디어 먼지가 풀풀 날리는 시골 길로 모험을 떠나. 풍차를 거인으로 착각한 바람에 공격하다가 거의 죽을 뻔하기도 하고, 양떼들을 보고는 군사들이라고 하거나, 시골 처녀를 보면 귀족 여성이라고 생각해 예의를 갖추어 크게 인사하기도 했어. 심지어 면도할 때 쓰는 그릇을 보고 투구라고 하기도 했다니 거참! 징역을 살러가는 죄수들을 보고는 갤리선의 노를 강제로 저어야 했던 노예들로 생각했지. 이것은 작가 세르반테스가 노예로 살았던 삶의 경험이 그대로 작품 속에 구현된 부분이기도 해. 돈 키호테는 이런 사건이 터질 때마다 온통 매를 흠씬 두들겨 맞아 만신창이가 되어 버렸지. 결국 신부와 이발사의 책략에 걸려서 우리에 갇히자 그는 자신이 마법에 걸렸다고 착각했지 뭐야. 돈 키호테는 몸이 성치 않아져 혼자서는 말도 타지 못하는 신세가 되서야 간신히 우마차에 실려 고향집으로 돌아오며 이야기는 끝이 난단다.

이렇게 우스꽝스럽고 엉뚱한 돈 키호테지만, 그에게는 세르반테스가 높이 평가하는 에스파냐 귀족들의 풍모가 그대로 살아 있어. 교양 있고 정의를 사랑하며, 언제나 예의를 갖추고 고매한 말투를 사용하는 모습 말이야. 돈 키호테는 아무리 어려움을 겪어도, 자신이 세운 이상을 실현시키기 위해 결코 신념을 잃지 않아. 여성에게는 다정다감하고, 어려운 처지의 사람을 만나면 열과 성을 다해 도와주려는 따뜻한 마음도 가지고 있지. 반면 그의 시종인 산초 판사는 우직한 에스파냐 농민의 모습을 고스란히 갖추고 있어. 생활력이 강하고 어떤 경우라도 현실 감각을 잃지 않으며, 술을 좋아하고 탐욕스러운 면이 있지만 주인에게는 충실한 모습으로 그려져 있단다.

「돈 키호테」의 명장면 들여다보기

『돈 키호테』는 장면 장면마다 배꼽을 잡으며 웃을 정도로 재미난 내용으로 가득하지. 그 중에서 명장면을 꼽으라면 단연 두 장면을 이야기 할 수 있어.

첫 번째 명장면은 여관을 성으로 착각하고 들어선 돈 키호테가 유머 감각이 있는 여관 주인 알리아스를 통해 기사 임명식을 치루는 장면이야.

돈 키호테는 기사가 흔히 그렇듯이 예배당을 지키는 대가로 기사 임명식을 치루겠다고 했어. 하지만 여관이 성이 아닌데 어디에

「돈 키호테」의 한 장면

예배당이 있겠어? 다른 사람들 같았으면 또 흠씬 두들겨 패서 내쫓았겠지만, 다행히도 유머가 넘치는 여관 주인은 예배당 대신 여관 마당을 지키라고 하지. 돈 키호테는 그 제안을 흔쾌히 수락하고, 잠시도 한 눈을 팔지 않고 열심히 마당의 우물가를 지키고 있었어. 한여름이라서 날씨가 너무 더워 잠시 갑옷을 벗어 놓기는 했어도 말이야. 밤이 깊어지자 마부가 노새를 끌고 들어와 노새에게 물을 먹이기 위해 갑옷을 치웠어. 그랬더니 돈 키호테는 마치 앞에 둘시네아 공주가 서 있는 것처럼, 자신이 기사로서 모욕을 당했으니 그 시련을 견뎌 내는 모습을 지켜 봐 달라고 부탁하고는 창으로 마부를 두들겨 패. 이런 일이 벌어지자 여관 주인은 말썽꾸러기 돈 키호테를 빨리 내보내려면 기사 임명식을 얼른 치러주는 것이라고 생각했지. 그래서 여관 주인은 기사 임명식에 사용하는 경건한 기도문을 외우는 흉내를 내기 위해 여관 장부를 들고 읽었단다. 그러다가 고개를 숙이고 있는 돈 키호테의 목을 힘껏 치지. 그리고 돈 키호테가 차고 있는 칼을 꺼내 그의 등을 치면서 기사 임명식을 멋지게 거행해 준단다. 여관 주인의 센스가 돋보이지 않니?

두 번째 명장면은 너무도 유명한 풍차와의 싸움 장면이야. 산초 판사를 데리고 시골길을 가던 돈 키호테의 눈에 서른 명도 넘어 보이는 거인들이 거대한 팔들을 허공에 휘두르고 있는 모습이 보였어. 돈 키호테는 이 땅의 악의 씨를 뽑고 전리품으로 재물을 얻으면서, 자신의 용기와 담력을 천하에 알릴 수 있는 좋은 기회라고 생각하지. 돈 키호테와 달리 그나마 제정신인 산초 판사가 그것은 거인들이 아니라 풍차고, 팔처럼 보이는 것은 날개라고 했지만 돈 키호테는 기도나 하고 있으라고 큰소리를 쳤단다. 그리고 돈 키호테는 있는 힘을 다해 말을 타고 풍차를 향해 돌격했지. 결과는 어떻게 되었을까? 당연히 그는 거대한 풍차의 날개에 받쳐서 들판에 내동댕이쳐졌지. 돈 키호테에게 남은 것은 온 몸에 가득한 상처뿐이었단다.

역사 안에서 본 「돈 키호테」

『돈 키호테』의 원래 제목은 『라 만차 마을의 재치 있는 귀족 돈 키호테(El ingenioso hidalgo Don Quixote de la Mancha)』야. 말 그대로 이 작품을 읽으면 17세기 초 에스파냐의 시골 마을에 살던 돈 키호테와 같은 몰락한 하급 귀족, 신부, 이발사, 농부, 마부, 여관 주인, 창녀, 상인, 범죄자 등 보통 사람들을 당시 모습 그대로 만날 수 있지. 돈 키호테라는 캐릭터만 재치 있는 것이 아니라, 작가인 세르반테스 자체가 유머 감각이 탁월한 사람이었어. 한 예를 들어 볼게. 1권에 돈 키호테를 구하려는 신부와 이발사가 돈 키호테를 정신 나가게 만든 책들을 골라 불태워 버리는 장면이 나와. 그 책들 중에 세르반테스가 1585년에 발표한 그의 처녀작 『라 갈라테아 (La Galatea)』가 등장했어. 그리고 세르반테스는 신부의 오랜 친구로 언급되지. 신부는 세르반테스를 '시 쓰는 일 보다 세상 고생에 더 경험이 나 있는 사람'이라고 평가해. 작가 자신도 스스로의 삶이 얼마나 고달픈지를 잘 알고 있다는 말이기도 해.

또 세르반테스는 『돈 키호테』를 통해서 아직도 중세 봉건 사회의 전통을 벗어 던지지 못하는 에스파냐의 구태의연한 모습을 통렬히 비판하고자 했어. 비효율적인 격식과 쓸데없는 의식, 종교적 억압, 신분적 질서에 매달려 있는 모습을 한심하게 여긴 거야. 그러면서도 재산에 연연해하지 않고 약삭빠르지 않은 모습과 정의로움, 여성에 대한 예의와 교양 등 에스파냐 귀족이 가지는 전통에 의미를 부여하고 있기도 해.

한편 『돈 키호테』는 세계 문학사에서 소설과 서사시의 과도기에 놓여 있는 작품이야. 이 작품은 완전한 소설이 아니라, 장문으로 구성된 서사시 형태거든. 이 작품의 영향을 받아서 근대 소설이 발전하게 된단다.

『돈 키호테』는 1부가 발표된 직후부터 선풍적인 인기를 끌었어. 사람들은 소설을 읽으며 이 세상에서 가장 웃기는 내용이 여기 있다고 배를 잡고 웃었지. 여기에 대한 일화도 있단다. 에스파냐 국왕 펠리페 3세는 길을 가며 책을 들고 끊임없이 웃어대는 사람을 보고 이렇게 말했다고 해.

"저 사람이 정신이 나간 것이 아니라면 아마도 『돈 키호테』를 읽고 있는 게 분명하다."

『돈 키호테』에 대해 19세기의 프랑스 비평가인 생트 뵈브(Charles Augustin Sainte-Beuve, 1804~1869)는 '인류의 성서'라고 평가했지. 또 미국의 문필가인 워싱턴 어빙(Washington Irving, 1783~1859)도

『돈 키호테』는 '성서와 견줄 만한 작품'이라며 찬사를 아끼지 않았어. 지금도 이상한 행동을 하는 사람을 보면 어른들이 "저 사람은 꼭 돈 키호테같은 행동을 해."라고 말할 정도니, 얼마나 널리 읽혔는지 알 수 있겠지? 이렇듯 『돈 키호테』는 중세 시대에서 근대 세계로 나아가는 과도기인 16세기~17세기의 에스파냐 사회가 가지고 있는 고질적인 문제를 적나라하고도 우화적으로 꼬집은 풍미 문학의 최고봉으로 평가할 수 있단다.

¤ 비잔티움 제국

로마가 동서 분열된 후 서로마는 476년에 게르만족의 이동으로 멸망했지만,
동로마는 1453년에 오스만 제국에게 멸망할 때까지 천여 년 동안 역사를 이
어갔다. 이 국가를 비잔티움 제국이라고 한다. 그러나 동로마는 700년 이후
영토가 매우 축소되었다. 제국은 840년경까지 거의 연례 행사처럼 자신보다
영토가 10배나 크고, 징집할 수 있는 군사의 수도 5배가 넘는 이슬람 제국의
침공을 겪어 국력이 약화되었다. 하지만 나라가 작아져도 그리스의 전통은
충실히 계승되었다. 호메로스의 서사시는 학교의 필수과목이었고, 그리스 철
학이 더욱 발달하여 금욕적이고 신비한 철학과 신학을 꽃피웠다. 이 모습을
본 서유럽은 과거 동로마 제국이었던 이 나라를, 그리스의 로마 속주 당시 이
름이었던 비잔티움을 따서 비잔티움 제국으로 부르게 되었다.

¤ 오스만 제국

오스만 제국은 1299년에 오스만 튀르크 족이 셀주크 튀르크의 지배에서 독
립하여 세운 나라이다. 1453년, 메메드 2세 때는 비잔티움 제국을 멸망시키
고 수도를 콘스탄티노폴리스로 옮긴 후 국가명을 이스탄불이라고 했다. 슐레
이만 1세 때는 전성기를 이루어 서아시아, 동유럽, 북아프리카에 걸친 대제국
을 건설하였다. 오스만 제국은 경제적으로 번영하여 지중해를 장악하고 동서
교통로를 통한 무역의 주도권을 장악했다. 예니체리로 불리는 근위병과 해군
이 매우 강했다. 오스만 제국은 신항로를 개척한 유럽 때문에 대서양 항로를

통한 무역이 활발해지면서 경제적으로 쇠퇴했다. 1838년 영국에 의해 개항되어 불평등 조약을 맺은 오스만 제국은 '탄지마트'로 불리는 서유럽을 따라가려는 개혁을 시행했으나 실패했고, 러시아와 치른 여러 차례의 전쟁에서도 패배하면서 영국과 오스트리아 등 열강의 간섭을 심하게 받았다. 1908년에 청년 투르크 당 운동이 일어나 회생하는 듯 했지만 결국 제1차 세계 대전에서도 패전국이 되면서, 모든 식민지를 잃고 터키 공화국이 세워져 역사 속으로 사라졌다.

¤ 엘리자베스 1세

역사학자들이 뽑은 밀레니엄 시대가 낳은 역사인물 1위에 선정된 엘리자베스 1세는 대영제국의 기반을 탄탄하게 다진 공헌을 세웠다. 이 시기에 영국인들이 건너가 개척한 아메리카 주의 이름을 '버지니아'로 부르게 된 것은, 일생을 처녀로 살면서 "나는 국가와 결혼하였다."라는 말을 남긴 그녀를 상징하기 위해서이다. 그녀는 1588년에 에스파냐 펠리페 2세의 무적함대를 격파하여 해상권을 장악하였으며, 1600년에 동인도 회사를 세워 세계로 뻗어 나갔다. 또한 농토를 갈아엎고 양을 키우는 인클로저 운동으로 농민들이 살 길을 잃어버리게 되자, 영국 최초로 구빈법을 실시했다. 또한 엘리자베스 1세의 통치 시기는 문예 부흥기로, 국민 문학의 황금기였다. 문호 셰익스피어와 스펜서 서체로 유명한 시인 스펜서, 경험론을 주장한 베이컨 등이 모두 엘리자베스 1세 시기에 활약한 사람들이다.

찰스 디킨스
『올리버 트위스트』
(1838)

영국 산업혁명 당시의 자본가와 노동자의 삶을 대비시킨
사회 고발 소설

[독서로 탐구하는 역사] 산업혁명

『올리버 트위스트(Oliver Twist)』는 영국의 셰익스피어에 버금가는 명성을 가진 작가 찰스 디킨스(Charles Dickens, 1812~1870)가 생애 두 번째로 출간한 소설이야. 1838년에 출간된 이 소설은 영국의 산업혁명이 낳은 시대적 문제점을 고아 소년 올리버 트위스트가 겪는 역경을 토대로 신랄하게 비판하고 있지.

미국의 저명한 저널리스트이자 밀리언셀러의 작가인 엘빈 토플러(Alvin Toffler, 1928~)는 그의 저서 『제3의 물결』에서 산업혁명에 대해 이렇게 말했어. 신석기 시대에 일어난 경제 혁명인 농업혁명에 이어, 인류에게 큰 영향을 주었던 제2물결이 바로 산업혁명이라고 말이야. 제3물결은 지금 우리가 큰 영향을 받고 있는 정보 통신 혁명이야.

산업혁명이 세계에서 가장 먼저 일어난 나라는 바로 영국이야. 17세기, 영국은 왕당파와 의회파의 오랜 내전 끝에 올리버 크롬웰이 이끄는 의회파가 청교도 혁명(1642~1649)을 달성하고 공화정을 이룩하지. 그러나 '호국경' 자리에 오른 크롬웰이 결벽증같이 너무 가혹한 청교도적인 통치를 행하자, 영국인들은 이에 반발하여 다시 왕정으로 돌아가. 그리고 가톨릭을 강요하는 국왕에 또 다시 반기를 들었는데, 피 한 방울 흘리지 않고 명예롭게 명예혁명(1688)을 달성하지. 이후 영국은 '국왕은 존재하되 통치하지 않는다'는 전통이 세워지면서, 의회를 중심으로 하는 세계 최초의 입헌왕정 국가로 성장한단다.

이러한 정치적 안정 덕분에 풍부한 노동력을 바탕으로, 제임스 와트의 증기기관 개발 등 기계의 혁신과 발명이 뒷받침되어 산업혁명으로 이어지게 되었어. 런던을 비롯한 공업의 요지에 수많은 공장이 들어서고 영국은 '세계의 공장'으로 불리게 되었지. 공장에서는 원가를 절약하기 위해 임금이 싼 어린이와 여성들을 노동자로 고용했는데, 노동 환경이 말할 수 없이 열악했단다. 생활은 편

리해졌지만, 도시의 뒷골목은 악취와 비위생적인 환경으로 변해서 범죄의 온상이 되고 말았지. 자본가들은 날이 갈수록 '부르주아'로 불리면서 부유해졌지만, '프롤레타리아'로 불린 노동자들은 점점 더 가난해져 빈부 격차가 극심해졌단다.

이러한 산업혁명의 절정에서 유럽의 도시들은 그 폭발적 성장을 주체하지 못하고 도시가 터져나갈 듯한 고통에 비명을 지르고 있었어. 런던은 그 중에서도 가장 극심한 경우에 처해 있었지. 19세기 초만 하더라도 런던의 인구는 90만 명 정도였는데, 20세기 초에는 폭발적으로 늘어나서 500만 명에 육박했거든. 도시 문제는 날이 갈수록 심각해졌고, 런던의 뒷골목에는 경찰도 차마 발을 들여 놓지 못하는 지하 범죄 소굴이 독버섯처럼 자꾸만 생겨났어. 그 더럽고 불결한 뒷골목 안에서 아이들은 무방비 상태로 범죄에 노출되며 사회의 악으로 성장하고 있었지. 디킨스의 소설 『올리버 트위스트』는 그 실체를 매우 실감나고 역동적인 필체로 묘사하여 도시와 아동 문제의 심각성을 사회에 고발하고 있는 작품이야.

이 소설의 내용이 무척이나 실감나는 건, 디킨스 자신의 어릴 적 경험을 바탕으로 썼기 때문이야. 찰스 디킨스는 집안이 매우 가난해서 아버지는 돈을 갚지 못해 감옥에 들어가고, 자신은 구두약 제조 공장에서 아동 노동자로 일해야 했거든. 어린 디킨스는 잠을 자

찰스 디킨스

지 못해 마구 감기는 눈을 억지로 뜨고 공장장의 감시와 채근을 받으며 중노동에 시달려야 했지. 그 당시 찰스 디킨스의 눈앞에는 가난과 실업에 대한 공포, 먹을 것의 부족에서 오는 영양 악화, 범죄 소굴로 떨어질 것만 같은 절망이 가득 놓여 있었어. 찰스 디킨스는 이러한 어릴 적 자신의 경험을 바탕으로 아동들이 악의 구렁텅이에 빠져들고 있다는 것에 경종을 울리는 작품을 써야겠다고 생각하고 있었어. 그런데 그 결심을 실행에 옮기는 데에 결정적인 계기가 되는 법이 발표되었어. 그것은 1834년에 발표된 '신구빈법'이야. '구빈'이란 빈민을 구제한다는 뜻이야. 그동안 전통적으로 영국에서 빈민을 구제하는 책임은 교구에 있었어. '교구'란 교회가 관장하는 지역을 뜻하는 말이야. 1601년에 제정된 구빈법이 모든 빈민을 교구에서 구제하도록 되어 있었다면, 1834년의 신구빈법은 아무리 빈민이라도 몸이 건강하다면 일을 할 수 있다는 판단 하에 빈민 구제 대상에서 제외하도록 했어. 빈민을 동정하거나 온정주의로 바라보는 것이 법에 어긋난다고 생각한 것이지. 이에 입각해서 빈민을 무조건 도와주는 것은 법에 어긋나며, 무조건 구빈원 아래 놓여야만 교구의 원조를 받게 되었어. 구빈원은 빈민 구제소를 말하지.

빈민 경험자이기도 한 찰스 디킨스는 이러한 법 개정이 잘못된 것이라고 생각했어. 이대로 둔다면 빈민은 물론 영국의 희망인 아동들도 절망의 늪에서 헤어 나오지 못할 것 같았지. 그래서 그는 자신의 경험을 바탕으로 『올리버 트위스트』를 창작했어. 찰스 디킨스는 사회가 색안경을 쓰고 빈민을 무조건 타락한 사람으로 취급하는 것을 날카롭게 비판하면서, 구빈원이 가난한 사람들에게 얼마나 거친 노동을 시키고 잘못된 대우를 하는 지에 대해 마음이 곧고 착한 주인공 올리버를 통해 알렸지. 찰스 디킨스는 자신의 소설을 보고 사회가 가난한 사람들에 대해 품고 있는 편견을 버릴 것을 희망했어. 그의 목적은 멋지게 달성되었단다. 책이 출간되자 영국인들이 열렬한 반응을 보이며 신구빈법의 잘못된 점을 직시하기 시작했기 때문이야.

『올리버 트위스트』의 줄거리

'권선징악'이라는 말이 있지? '선은 권하고 악은 징벌한다'는 뜻으로, 고대 소설은 대부분 권선징악의 결과로 쓰여졌지. 『올리버 트위스트』도 그렇단다. 결론적으로 고아지만 착하고 바른 마음을 가진 주인공 올리버가 온갖 어려움을 이겨내고 행복을 찾는 반면,

「올리버 트위스트」

올리버를 핍박하며 괴롭혔던 인물들은 벌을 받게 된다는 내용으로 되어 있거든.

주인공 올리버는 빈민으로, 어머니가 구빈원을 찾아와 낳은 아이야. 안타깝게도 아버지는 누구인지도 모르고, 엄마는 산통 끝에 돌아가셔서 천애 고아가 되었지. 올리버는 열악하기 그지없는 구빈원을 거쳐 구빈원의 분원에서 살게 되었어. 구빈원의 분원은 하급 관리원인 범블이 관리하는 곳으로, 올리버를 비롯한 고아들을 무지막지하게 학대하는 곳으로 유명해. 올리버는 구빈원의 분원에서 죽을 더 달라고 했다가 징벌방에 갇힌 후 장의사에게 팔려가게 되지. 장의사 소어베리 밑에서 일하는 도제가 된 올리버는 여기에서도 모진 시련을 겪게 돼. 같은 도제로 일하는 노아라는 아이가 올리버의 돌아가신 어머니를 심하게 모욕한 거야. 견딜 수 없는 모욕감에 올리버는 노아를 때려서 혼쭐을 내 주고, 밤에 구빈원을 탈출해서 런던으로 갔어.

하지만 런던에는 더 큰 위험이 올리버를 기다리고 있었어. 어린 소매치기들 위에서 왕으로 군림하고 있는 악당 페긴이 이끄는 도둑 소굴에 들어가게 되었기 때문이야. 거기서 온갖 나쁜 일을 다보게 되고, 올리버는 소매치기를 하는 소년들과 함께 있다가 현장에서 체포되어 법정에서 즉결심판을 받게 돼. 다행히 서점 주인인 목격자가 나타나 올리버의 결백을 증언해 준 덕분에 법정에서 풀려나게 되었지. 올리버는 법정을 나오자마자 기력이 쇠하여 쓰러지고 말았는데, 그러한 올리버를 노신사 브라운로우가 따뜻하게 돌보아 주었고, 그의 배려로 집에 함께 살게 되었단다.

그런데 어쩌지? 페긴은 올리버가 자신들을 신고할까봐 심부름을 나온 올리버를 다시 납치해 악당들의 소굴로 끌고 가 버렸어. 그리고 올리버를 무서운 범죄 행위에 끌어들일 계획을 세운단다. 올리버는 페긴의 계략으로 런던의 대저택을 터는 범죄에 강제로 동참했다가 죽을 고비를 넘기게 돼. 총에 맞은 올리버를 구해 준 사람은 털려고 했던 집의 주인인 메일리 부인과 양 조카딸인 로즈, 그리고 의사 로스번이야. 이들은 올리버가 고생했던 이야기를 듣고는 경찰에 신고하는 대신에 올리버를 치료해 주고 집에 머무르게 해 준단다.

이제 소설은 막바지를 향해 달려가. 페긴 등 나쁜 무리들의 최후가 다가오는 거지. 페긴이 올리버를 그토록 범죄자로 만들려고 한 것은 사실 올리버의 배다른 형인 멍크스가 꾸민 계략 때문이었어. 멍크스는 올리버의 새어머니가 낳아 데리고 온 아들이야. 올리버의 아버지가 남긴 거대한 재산을 노린 멍크스는 올리버를 범죄자로 만들어 자신이 유산을 독차지할 생각이었거든. 멍크스와 페긴 간에 계약을 맺은 사실을 몰래 엿들은 페긴의 애인이자 올리버를 동정한 창녀 낸시는 진실을 로즈에게 알려줘. 그리고 올리버를 어떻게든 페긴의 소굴에서 탈출시키려고 하다가, 페긴의 부하 사이크스에게 잔인하게 죽임을 당하게 된단다. 소설의 갈등 요소가 하나둘씩 풀어지면서 올리버가 유일하게 가지고 있던 어머니의 유품인 사진이 든 금제 목걸이를 통해 올리버의 출생신분도 밝혀지게 돼. 친절한 노신사 브라운로우는 그동안 말없이 사라진 올리버를 괘씸하게 생각하고 있었다가 오해가 풀리게 되는데, 알고 보니 그는 올리버 아버지의 오랜 친구였던 거야. 브라운로우는 멍크스를 붙잡아 그동안 꾸몄던 모든 사실을 자백 받지. 그의 자백에서 올리버에게 그토록 친절했던 로즈가 올리버의 이모라는 사실도 밝혀지게 돼.

자, 그럼 이제 권선징악의 공식대로 악인들은 벌을 받아야겠지? 낸시를 살해한 악당 사이크스는 사람들에게 쫓기며 도망가다가 건물의 옥상에서 떨어져 죽음을 맞이해. 또 페긴도 붙잡혀 교수형을 당하게 되지. 올리버는 브라운로우의 양자가 되었고, 아버지가 남긴 재산을 물려받아 멋지고 근사한 청년으로 성장하게 된단다.

『올리버 트위스트』의 명장면 들여다보기

『올리버 트위스트』를 읽은 사람들이 하나같이 말하는 명장면은 구빈원의 분원에서 올리버가 귀리죽을 더 달라고 하는 장면이야. 이 장면은 영화화됐을 뿐만 아니라, 뮤지컬로도 만들어져 큰 반향을 일으켰어.

이 사건은 올리버가 9살이 되었을 때 일어났어. 구빈원의 분원에서는 죽을 죽지 않을 만큼의 최소양만 줬어. 아이가 영양실조가 와서 죽어가면 슬쩍 침대보를 덮어 질식시켜 죽이거나, 빨래를 삶다 끓인 물에 데어 죽이는 일이 다반사로 일어났지. 너무나 배고픈 구빈원 아이들은 제비뽑기를 통해 원장에게 죽을 더 달라는 요구를 하기로 했는데 그만 올리버가 뽑혔던 거야. 올리버는 배식 시간에 빈 사발과 스푼을 들고 고아들을 대표하여 이렇게 말하지.

"원장님, 죽 좀 더 주세요."

결과는 어떻게 되었을까? 올리버는 호된 매질을 당한 후 골방에 갇혔다가, 결국 구빈원에서 쫓겨나 장의사 소어베리에게 단돈 5파운드에 팔려 가는 수난을 겪게 된단다.

두 번째 명장면은 런던 시내 한복판에서 소매치기를 하는 소년들이 순식간에 노신사의 지갑을 훔치고는, 올리버 트위스트에게 누명을 씌우는 장면이야. 번개 같은 손놀림으로 어찌할 새도 없이 올리버를 도둑으로 누명을 씌우는 장면에서 독자들의 가슴을 철렁하게 만들어. 그리고 이 장면은 본격적인 갈등으로 가는 시작이 되어 독자들을 작품 속으로 깊숙이 끌어당기지.

세 번째 명장면은 올리버가 죽음의 위기를 맞게 되는 장면이야. 올리버를 어떻게 해서든지 범죄자로 만들 생각뿐인 페긴 때문에 올리버는 큰 위기를 맞게 돼. 사이크스가 주도한 런던의 대 저택을 터는 강도 계획에 올리버가 강제로 참여하게 된 거야. 페긴의 일당인 사이크스는 몸짓이 작은 올리버를 창으로 침투시킨 후 현관문을 열게 만들 작정이었지. 하지만 그 과정에서 올리버는 저택의 집사가 쏜 총에 맞아 부상을 입고 말았단다. 사이크스는 부상을 입은 올리버를 데려가기가 버거워 도랑에 버려 버렸어. 가엾은 올리버. 올리버에게 일생일대의 위기의 순간이었지. 하지만 다행히 올리버에게 행운이 찾아와 좋은 사람들을 만나 보살핌을 받게 된단다.

역사 안에서 본 『올리버 트위스트』

『올리버 트위스트』를 쓴 작가 찰스 디킨스는 19세기를 대표하는 사실주의 작가로 이름이 높단다. 그가 쓴 소설에는 사회의 뒷골목 풍경, 인간답지 못한 품성의 인물들, 불행한 산업사회에서 힘겹게 살아가는 사람들의 모습이 마치 그들을 실제로 보는 것처럼 세밀하게 묘사가 되어 있어. 찰스 디킨스를 대표하는 『힘든 시절』, 『위대한 유산』, 『두 도시 이야기』, 『크리스마스 캐럴』 등이 모두 그런 작품들이야.

그 중에서도 『올리버 트위스트』는 영국의 산업혁명이 낳은 도시 문제와 빈민, 그리고 노동자들의 비참한 현실과 삶을 고발한 사회 비평소설로 높은 평가를 받고 있어. 소설이 어마어마한 인기를 얻자, 일반 독자는 물론 당시 영국 여왕인 빅토리아 여왕까지 이 소설을 읽었다고 하니 정말 대단하지? 돈이 없는 빈민가 사람들은 이 소설을 읽기 위해 공공 도서관의 대출료를 마련하려고 애쓰는 현상까지 일어났어. 『올리버 트위스트』는 찰스 디킨스 자신의 어릴 적 경험을 바탕으로 사실적이면서도 흥미진진한 갈등 요소가 가득했기 때문에 한번 소설을 손에 잡으면 놓기가 어려웠지.

이 소설은 사회를 향해 이렇게 외쳤어. 가난하다고 모두 범죄자가 아니라고. 가난한 사람들을 색안경을 쓰고 보지 말라고. 그 속에는 얼마든지 올리버 트위스트같이 선량한 사람들이 있다고 말이야. 또 국가를 향해서 외쳤지. '신구빈법'이라는 미명 아래, 빈민을 인간 이하의 대접을 하는 구빈원에 몰아넣고 제 할 일을 다했다며 뒷짐 지고 있지 말라고 말이야. 이런 찰스 디킨스의 외침은 즉각 사회적 반향을 일으켰어. 부르주아에 속하는 자본가들이나 사회 지도층 인사들은 이 책을 읽고 그동안 자신들이 가난한 사람들에 대해 가지고 있었던 편견을 반성했지. '신구빈법'을 비롯하여 그동안 그들이 빈민들에게 행했던 정책들도 돌아보았고 말이야. 그리고 어린이가 영국 사회의 미래를 짊어지고 있으며, 그 어린이들에 대한 사회적 대우와 교육이 매우 중요하다는 것을 깨닫게 되었단다. 한 소설이 가진 힘이 어마어마하다는 걸 느낄 수 있지?

사회적 반향뿐 아니라 소설의 플롯 자체만으로도 이 소설은 인기를 얻을 충분한 이유가 있단다. 독자들의 가슴을 쫄깃하게 한 힘은 바로 범죄 소설의 양상을 가지고 있어서야. 표면으로 보이는 범죄자는 악인 중에 악인이라고 할 수 있는 페긴이나 사이크스, 범블 같은 사람이지만, 그들 뒤에 있는 거대한 국가 권력이 그러한 범죄가 일어날 수 밖에 없도록 방임하고 있다는 것을 날카롭게 비판하고 있지. 또 소설 속에서 힘 있는 자들인 갑이 힘없고 약한 자들인 을을 괴롭히는 장면이 배치되어 있어 의협심을 가지고 있는 독자들이 주먹을 불끈 쥐게 만들지. 그리고 사회의 정의를 위해 사회 곳곳에 도사리고 있는 이러한 악의 소굴을 사라지게 해야 한다는 사명감을 갖게 만든단다.

작품 속 올리버의 맑고 순수하며 정직한 마음은 어떤 역경 속에서도 긍정적인 마음으로 용기를 잃지 않으면, 결국 행복이 찾아온다는 희망의 메시지를 던지고 있어. 덕분에 암울한 현실 속에서 지친 삶을 살아가는 수많은 사람들에게 따뜻한 빛을 던져 주었지.

소설 속 인물들 중에는 낸시처럼 선과 악 사이에 살고 있는 인물도 있고, 치사함과 비겁함의 결정체인 멍크스나 돈에 눈이 어두운 멍크스의 어머니 리포드 부인, 장의사 소어베리 같은 인물도 있어. 덕분에 19세기 영국 산업 사회에 존재했던 각계각층의 모습을 들여다보는 것 같은 느낌을 줘.

디킨스는 이 소설을 통해 영국인이 이상적으로 생각하는 도덕적이면서 정의를 실천하는 노신사 브라운로우의 인격을 부각시켰어. 그래서 영국인들이 소설을 읽으며 신사의 품격에 대해 자부심을 갖도록 만들었지. 또 이 소설은 읽는 내내 웃음과 유머가 끊이지 않아 대중성을 지니고 있으면서도, 날카로운 사회적 비판의식도 함께 보여주는 고전적인 사회 고발 소설이기도 하단다.

¤ 올리버 크롬웰(1599~1658)

엄격한 청교도 가정에서 성장한 그는 명문인 케임브리지 대학에서 공부한 후, 의회에 진출해 활발한 정치활동을 펼쳤다. 1642년에 찰스 1세를 받드는 왕당파와 의회파 사이에 내란이 일어나자 그는 의회파를 이끌고 왕당파 군대를 무찔러서 명성을 높였다. 스코틀랜드로 피신한 찰스 1세를 인도받은 크롬웰은 1649년에 영국 역사상 최초로 절대군주를 시민들 앞에서 공개 처형시켰다. 이어 공화정을 성립하고 그는 호국경이 되어 국민들에게 엄격한 청교도적인 생활을 강요하는 독재 정치를 이어갔다. 1651년에는 항해 조례를 발표하여 네덜란드와의 해상 무역 경쟁에서 유리한 고지를 점하기도 했다. 그러나 그의 청교도적인 독재 정권에 신물이 난 영국인들은 그가 숨을 거둔 이후 1년 만에 왕정을 복고시켰고, 찰스 1세의 아들로 왕위에 오른 찰스 2세는 웨스트민스터 사원에 묻힌 그의 시신을 꺼내어 목을 자른 후 처형장에 걸어두는 극형에 처했다.

¤ 명예혁명

1688년에 일어난 명예혁명은 피를 흘리지 않고 혁명이 이루어졌기 때문에 붙여진 이름이다. 찰스 2세에 이어 즉위한 제임스 2세는 가톨릭 신도이기 때문에, 대부분이 청교도인 의회와 대립하며 가톨릭으로 영국을 통치하려고 했다. 이에 1688년, 의회의 토리당과 휘그당의 양당 지도자들은 네덜란드에 있는 제임스 2세의 딸인 메리의 남편 윌리엄 공에게 같은 신교의 신앙의 자유를 위해 군사를 이끌고 들어오도록 요청했다. 윌리엄 공은 이 요청을 수락하여 영국에 상륙했고, 결국 제임스 2세는 왕자와 함께 파리로 망명했다. 이후 메리 3세와 윌리엄 2세가 공동 왕위에 올랐고, 명예혁명 다음 해인 1689년에 국왕의 권력을 제한하고 의회권을 강화하며 시민의 인권을 보장하는 권리장전이 승인되었다. 이로써 영국은 의회 민주주의에 입각한 세계 최초의 입헌왕정 국가로 역사에 이름을 올렸다.

¤ 산업혁명

영국은 세계 최초로 산업혁명이 이루어진 나라이다. 명예혁명 이후 정치적으로 안정된 영국에서 1760경부터 1830년에 이르는 약 1세기 동안 기계의 등장으로 사회 경제 구조상의 큰 변혁이 일어났다. 면직물 공업을 위한 방직기와 방적기의 개발에서 시작된 기술 혁신은 대량생산에 의한 공장제 기계공업 체제로 전환시켰다. 이는 인류의 생활 전체에 일대 변혁을 일으켰다. 특히 제임스 와트가 개발한 증기기관은 동력의 전환에 혁명을 가져왔고, 스티븐슨의 증기기관차 개발을 시작으로 교통 혁명도 시작되었다. 영국에서 시작한 산업혁명은 유럽을 거쳐 전 세계로 이어지면서 산업혁명을 먼저 경험한 나라들이 세계의 강대국으로 성장하게 되었다. 반면 산업혁명으로 도시 문제가 나타났고, 자본가와 노동자 사이에 빈부격차가 발생하면서 노동문제가 심각해졌다. 이에 기계 파괴 운동이 일어나는가 하면, 마르크스 등은 사회주의를 주장하게 되었다.

제임스 페니모어 쿠퍼
『모히칸 족의 최후』
(1826)

'프랑스-인디언 전쟁' 과정에서 일어난 아메리카 원주민에 대한 학살

[독서로 탐구하는 역사] 프랑스-인디언 전쟁

제임스 페니모어 쿠퍼(James Fenimore Cooper, 1789~1851)가 1826년에 발표한 『모히칸 족의 최후(The Last of the Mohicans: A Narrative of 1757)』는 당시의 시대적 배경을 알아야 작가가 독자에게 주는 메시지를 이해할 수 있게 되는 작품이야.

미국은 현재 세계를 이끌어가는 최대 강국이지만, 그 역사는 길지 않아. 1492년에 에스파냐의 지원을 받은 이탈리아인 콜럼버스가 처음 아메리카 대륙을 발견한 이후로, 유럽인들은 광활한 대륙을 무대로 들소 사냥을 하며 자유롭게 살고 있던 원주민을 벼랑 끝으로 내몰고 국가를 건설했어. 처음에 인디언들은 메이플라워 호 (The Mayflower)를 타고 낯선 땅에 도착한 백인들에게 호의를 베풀었지. 그들에게 씨앗을 나누어 주고, 사냥을 하는 방법과 추위를 피하는 방법 등을 알려주면서 말이야. 하지만 은혜는 배신으로 돌아왔지. 너무도 좋은 환경의 아메리카 대륙을 탐낸 백인들은 아메리카 원주민들을 무참히 학살하고 영토를 넓혀 나갔어.

그 과정에서 유럽 여러 나라들이 북아메리카를 자국의 식민지로 만들기 위한 경쟁에 뛰어드는 바람에, 크고 작은 전쟁이 일어나게 되지. 대표적인 전쟁이 프랑스와 영국 사이에 1754년부터 1763년까지 벌어졌던 '프랑스-인디언 전쟁'이야. 어라, 프랑스와 영국이 싸웠다는 건데, 왜 전쟁 이름은 '프랑스-인디언 전쟁'일까? 영국과 프랑스 둘다 인디언과 동맹을 맺고 있었지만, 영국 입장에서는 프랑스와 인디언이 동맹을 맺어 자신들을 일방적으로 공격했다고 하여 전쟁 이름을 '프랑스-인디언 전쟁'이라고 한 거야.

『모히칸 족의 최후』는 전쟁에서 실제 일어났던 '포트 윌리엄 헨리에서의 학살'을 소재로 창작된 역사소설이야. 영어로 '포트(Port)'는 기지를 말한단다. 포트 윌리엄 헨리는 뉴욕 주의 조지 호반에 있는 요새였는데, 1757년에 이곳을 함락한 프랑스군의 묵인 하에 수차례에 걸쳐 인디언들에 의한 영국군 학살이 이루어진 곳이야.

쿠퍼는 이러한 학살 사건을 배경으로, 영국인 대령의 딸인 두 자매가 인디언에게 포로가 되는 사건이 중심인 역동적인 역사 소설을 창작해 냈어.

이 소설에는 18세기 당시 아메리카 동부 지역을 중심으로 생활하면서 프랑스 혹은 영국과 동맹을 맺었던 인디언 부족들이 등장해. 휴런 족은 프랑스와 손을 잡은 인디언 부족으로 등장하고, 델러웨이 족은 중립을 지키고 있는 인디언 부족으로, 그리고 영국에게 호의적이었지만 결국 추장 칭가지국만 남기고 부족 전체가 사라지게 되는 모히칸 족이 주요 인물들로 등장한단다.

사실 휴런 족이나 모히칸 족이라는 이름은 백인들이 지어준 거야. 휴런 족의 원래 이름은 이러쿼이 족이고, 모히칸 족은 원래 카니아게하가이야. 카니아게하가이는 '부싯돌의 사람들' 이란 뜻이래. 모히칸은 모호크 계곡과 세인트 로렌스 계곡 사이에 걸쳐 살았는데, 이들을 네덜란드 인들이 모호크라고 부르면서 백인들 사이에 모히칸 족으로 불리게 되었어. 모히칸 족은 인디언 중에 가장 먼저 유럽과 교역을

모히칸 족의 추장

시작했지. 특히 영국군은 모히칸 족을 이용해 프랑스군을 물리치려고 했단다.

필그림 파더(Pilgrim Fathers)로 불리는 영국인들이 메이플라워호를 타고 처음으로 북아메리카에 도착한 해는 1620년이었어. 그들은 대부분 종교 개혁가 칼뱅이 주장하는 교리를 믿는 청교도였지. 당시 영국을 통치하던 제임스 1세는 구교인 가톨릭 신자였기 때문에, 청교도에 대한 탄압이 매우 심했어. 이러한 종교적 박해를 피해 청교도들은 북아메리카로 이주를 결심한 거야. 하지만 새로운 대륙의 환경을 잘 몰랐던 그들은 처음 몇 해를 추위와 굶주림에 시달려야 했어. 그나마 그들이 혹독한 겨울을 이겨낼 수 있었던 것은 아메리카 원주민인 인디언들에게서 대륙에서 살아가는 방법을 배웠기 때문이야.

이 과정에서 백인이면서도 인디언들의 삶의 방식을 받아들여, 사냥과 물고기 잡이를 통해 삶을 개척하는 사람이 나타나지. 작가인 쿠퍼는 이러한 개척자 인간형을 높이 평가해 그의 작품에서 주인공 역할을 하게 만들었어. 그가 바로 영국 대령의 딸들인 자매를 구하기 위해 용감하고 지혜로운 행동을 하는 청년 내티 범포란다. 소설에서 내티 범포는 모히칸 족 추장의 양자로, 어릴 때부터 인디언의 생존 방식을 배우며 자랐어. 인디언 말을 할 줄 알고 인디언

식으로 사냥을 하며, 인디언이 존중하는 자연과의 대화도 거뜬히 해 내는 사람이지. 사실 내티 범포는 실존 인물이 아니라 쿠퍼가 창안해 낸 허구의 인물이야. 하지만 18세기의 북아메리카에는 수많은 제2, 제3의 내티 범포가 있어서 오늘날 미국의 영광을 만드는 중심 역할을 해 냈지. 쿠퍼는 이들이야말로 미국 서부 개척의 진정한 영웅이라고 생각했어. 이러한 인물들이 있었기에 미국인들이 서부를 개척해 낼 수 있었다는 것을 전달하고 있단다.

『모히칸 족의 최후』의 줄거리

『모히칸 족의 최후』는 어떤 내용일까? 제목에서 결말을 알 수 있겠지? 모히칸 족이 사라지게 된다는 결말을 말이야. 그럼 도대체 왜 그렇게 되었을까?

소설은 영국과 프랑스 사이에 전쟁이 한창이던 1757년에서 출발해. 영국군이 지키고 있는 뉴욕 주의 포트 에드워드에서 살던 먼로 대령의 두 딸이 전쟁터를 가로질러 아버지를 만나기 위한 길을 떠나. 당시 먼로 대령은 포트 윌리엄 헨리에서 몬트캄이 이끄는 프랑스군에 맞서 고전 중이었지. 두 딸의 호위는 소령 던컨 헤이워드가 맡았는데, 그는 평소 자신이 신임하고 있던 인디언 마구아에게 길 안내를 맡겼어. 저런, 하지만 마구아는 프랑스군의 첩자였지.
두 자매는 마구아에게 속아 같은 길을 반복해서 걷고 있었는데, 마
침 같은 숲속에 있던 내티 범포와 모히칸 족 최후의 추장 칭가치
국, 그리고 그의 용감한 아들 웅카스를 만나게 되면서 겨우 위기를
벗어나게 된단다. 그리고 도망가 버린 마구아 대신 이들이 길 안내
를 맡게 되었어. 이들 일행은 날이 저물어 캄캄해지자 글렌스 폭
포 뒤의 동굴에서 밤을 보내기로 한단다. 이곳을 아무도 찾지 못하
는 안전한 곳으로 생각했지만, 곧 마구아가 이끄는 이러쿼이 족(영
국식으로는 휴런 족)이 바짝 추적해 오기 시작한 거야. 할 수 없이 내
티와 칭가치국, 웅카스 등은 다른 인디언들에게 구원을 청하러 가
고, 헤이워드와 두 자매만 남아서 기다리다가 결국 마구아의 손에
포로로 잡히고 말아. 헤이워드 일행은 이러쿼이 족의 마을로 이동
하는데, 이들이 자신들을 프랑스군에게 넘기려고 한다는 것을 알
게 되지. 온갖 우여곡절 끝에 내티 일행이 나타나 기습작전 끝에
헤이워드와 두 자매를 간신히 구해낼 수 있었어.

　다시 길을 떠난 이들 일행은 포트 헨리 근처에 도착했으나, 프랑
스군으로부터 더 이상 앞으로 나가지 못하도록 제지를 당해. 이러
한 사태를 통해 포트 헨리가 프랑스군에 둘러싸여 함락 직전에 있
게 된 사실을 알게 되지. 하지만 헤이워드는 그들을 속여 프랑스
진영을 벗어나고, 마침내 비장감이 가득한 포트 헨리에 도착했단

다. 위기에 빠져 있는 먼로 대령은 지역 지리에 밝은 내티에게 편지를 주어 포트 에드워드의 사령관인 웹 장군에게 보내려 했어. 하지만 내티는 프랑스군에게 잡히고 말지. 몬트캄은 서신을 가로채 웹 장군이 구원 병력을 보내지 못한다는 사실을 알고, 먼로 대령을 안심시키기 위해 거짓으로 협상을 하지. 결국 그에게 속은 먼로 대령은 마구아가 이끄는 이러쿼이 족의 기습을 받았고, 결국 영국군과 그 가족까지 잔인하게 학살을 당해. 더구나 마구아는 싸움 와중에 먼로 대령의 딸들을 잡아가 버리지.

먼로 대령은 인디언 부족과의 싸움에서 간신히 살아남아 헤이워드, 내티, 웅카스 등과 함께 잡혀간 딸들을 찾아 나섰어. 두 자매중 코라에게 마음을 두고 있는 웅카스가 마침내 마구아 일행이 있는 곳을 찾아냈단다. 하지만 그들에게 포로로 붙잡히고 말지. 위기의 순간들 끝에 헤이워드는 마음에 두고 있던 엘리스를 먼저 구해 무사히 탈출에 성공한단다. 엘리스를 구해 돌아온 헤이워드와 함께 내티와 칭가치국은 기지를 발휘해 웅카스를 구해내. 그들은 이내 다시 코라를 데리고 간 델라웨어 족을 찾아 나서는데, 앞서 헤이워드에게 엘리스를 뺏겼던 마구아도 이번엔 코라를 노리고 델라웨어 족을 찾아가지. 마침내 델라웨어 족의 진영에서 두 일행은 코라를 사이에 두고 갈등을 일으키게 됐어. 하지만 마구아가 코라를 차지해 아내로 삼기 위해 데려가자, 코라를 사랑하는 웅카스가 그를 쫓아가 싸움을 벌이지. 벼랑 끝에서 마구아와 결투를 벌이던 웅카스는 결국 죽게 되고, 웅카스를 죽인 마구아도 내티에게 사살되었어. 웅카스의 죽음을 본 코라도 그녀를 호위하는 인디언에게 저항하다가 웅카스를 따라 안타까운 죽음을 맞이한단다.

그 후 헤이워드와 엘리스는 무사히 포트 에드워드에 도착하여 함께 행복한 삶을 살게 되었고, 내티와 최후의 모히칸 족이 된 칭가치국은 백인들의 발길이 닿지 않는 더 깊은 곳을 향해 떠나며 소설은 끝이 나.

「모히칸 족의 최후」의 명장면 들여다보기

『모히칸 족의 최후』의 첫 번째 명장면은 포트 헨리에서 영국군이 철수한 후에 이러쿼이 족의 공격으로 일어난 전투 장면이야. 더이상 영국군의 지원이 오지 않는다는 사실을 알게 된 먼로 대령은 프랑스군과의 협정에 따라 포트 헨리에서 유니온 잭기를 내린 다음, 영국인들을 이끌고 철수를 하게 돼. 그들 뒤로 영국인 정착민과 그 가족이 영국군을 따라 포트 헨리를 나와 함께 포트 에드워드를 향해 길을 떠났지. 그런데 철수하는 먼로 대령 일행을 마구아의 지휘 아래 이러쿼이 족이 마구 공격하여 잔혹한 살육을 벌였어. 그 전투 장면이 실제 전쟁터에서 보는 것처럼 매우 실감나게 묘사되어 있지. 역사적 사실 그대로 프랑스군은 영국군의 명예로운 후퇴를 약속했음에도 보고만 있을 뿐 조금도 도와주지 않았어. 마구아는 내티와 헤이워드가 정신없이 인디언들과 싸우고 있는 틈을 이용하여 엘리스와 코라를 납치하지.

두 번째 명장면은 마구아에게서 도망치던 헤이워드와 두 자매 일행이 글렌스 폭포 뒤 동굴에 몸을 피할 때의 장면이야. 위대한 자연이 만들어 놓은 천연의 요새에 대한 묘사가 자연의 경이로움에 감탄하게끔 만들거든. 그리고 마구아가 드디어 글렌스 폭포 뒤의 동굴을 알아내고 추적해 올 때의 그 조마조마함이 손에 땀을 쥐게 만들어. 결국 먼로 대령의 딸들과 헤이워드만 남기고 내티와 칭가치국, 그리고 코라에 마음을 둔 웅카스가 서로 헤어질 때의 안타까운 심정들이 마음을 울리지.

마지막 명장면은 모히칸 족의 웅카스가 끝까지 마구아를 추적하여 사랑하는 여성 코라를 구하려 하다가, 결국 목숨을 잃게 되는 장면이야. 한마디로 클라이맥스라고 할 수 있지. 웅카스를 죽인 마구아도 내티에게 처단되지. 이제 단 한 명, 자신 밖에 남지 않은 모히칸 족의 추장 칭가치국은 내티와 함께 더 깊은 숲속으로 발길을 옮겨 사라져. 이들을 애도하는 델러웨이 족의 노추장 타메눈드의 독백은 이제 이 땅의 주인이 창백한 얼굴들(백인들)이라는 것을 인디언 스스로 인정하는 것이어서 안타깝기 그지없어.

역사 안에서 본 「모히칸 족의 최후」

『모히칸 족의 최후』를 쓴 제임스 쿠퍼는 이 소설을 발표하며 머리말에서 흥미로운 이야기를 했어. 편안한 거실에서 사색에만 빠져 있는 젊은 아가씨들이나, 남이 자신에 대해 말하는 평판만 중요시하는 독신의 신사들, 그리고 성직자들은 이 책을 읽지 말라고 말이야. 그들은 사랑을 위해 목숨을 바치는 순수하고 용감한 모히칸족의 후예 웅카스나, 자연과 한 몸이 되어 역동적으로 살아가는 칭가치국과 같은 인디언들, 그리고 백인 문명과 원주민 문명 사이의 경계에서 정의를 실천하며 온갖 고행과 어려움을 이겨내는 내티 범포의 모험을 결코 이해할 수 없다는 것이지.

이 소설을 쓴 쿠퍼는 어릴 때 뉴욕 북부의 미개척지로 이사했는데, 전해 내려오는 인디언들의 모험과 비극적인 백인들과의 싸움 등에 관한 수많은 이야기들을 듣고 자랐어. 그 자신이 아버지에게서 많은 땅을 물려받은 대토지의 지주로써, 그는 토지와 환경의 소중함을 몸으로 익히고 가슴으로 깨닫고 있었지. 그래서 그는 초기 미국 이민사의 개척자를 상징하는 정의로운 인물 내티 범포를 주인공으로 한 5편의 연작 《가죽스타킹 이야기(Leatherstocking Tales)》를 통해 대중에게 하고 싶은 이야기를 쏟아냈어. 연작은 『개척자들(The Pioneers, 1823)』과 『모히칸 족의 최후(The Last of the Mohicans, 1826)』, 『대평원(The Drairie, 1827)』, 『길잡이(The Pathfinder, 1840)』, 『사슴사냥꾼(The Deerslayer, 1841)』을 말해. 그 중 두 번째 작품인 『모히칸 족의 최후』는 대중적 인기를 한 몸에 받아 쿠퍼에게 국제적 명성을 안겨준 가장 유명한 작품이지. 그는 이러한 일련의 작품으로 '미국 서부 소설의 개척자', '미국의 월터 스콧'이라는 명성을 얻게 되었단다. 월터 스콧은 영국 출신의 역사 소설의 대가로, 『아이반호(Ivanhoe)』라는 작품으로 유명해.

쿠퍼는 특히 『모히칸 족의 최후』를 통해 대자연이 품고 있는 숲과 토지, 강, 폭포 등이 얼마나 인간에게 소중한 것인가를 이야기하고, 백인 문명과 인디언 문명의 충돌 속에 비극적으로 사라져 가는 인디언의 종말을 실감나게 그려냈어. 그 속에는 미국이 아직 독립하기 전에 변방 지역에서 일어난 영국과 프랑스 전쟁으로 희생된 인디언들의 모습이 생생히 묘사되어 있지. 또 인디언 문명과 백인 문명 간의 문화적 · 인종적 갈등 속에 싹트는 서로 다른 이들의 사랑과 그 결말을 잘 알 수 있기도 해.

사실 『모히칸 족의 최후』에서 쿠퍼는 역사적 고증에서 실수를 했어. 인디언 부족의 이름을 혼동해서 모히칸 족 마지막 후예인 웅카스의 이름을, 17세기 코네티컷 지역에서 영국인들과 동맹을 맺었던 모헤간 족 수장의 이름을 따서 지은 거야. 전문가들은 그가 코네티컷 지역에 기반을 둔 모헤간(Mohegan) 족과 뉴욕에 기반을 둔 모히칸 족(Mohican)을 혼동했다고 지적했어. 그런가 하면 『톰 소여의 모험』으로 유명한 작가 마크 트웨인은 「페니모어 쿠퍼의 문학적 오류들」이라는 글을 발표했는데, 쿠퍼 소설에서 현실적으로 설정하기 어려운 점들이 많아서 고리타분하게 묘사되어 있다고 비판하기도 했지.

이런 문제들이 있지만, 그래도 이 소설은 소설의 내용 자체만으로도 충분한 가치가 있단다. 쿠퍼가 모히칸 족과 같이 백인들에게 협조적인 인디언들에 대해 호의적임을 작품 내내 느낄 수 있어. 왜냐하면 그는 인디언과 백인의 충돌을 단순히 '야만'과 '문명'의 충돌로 보지 않기 때문이야. '대자연을 사랑하고 그 속에 동화되어 살아가는 인디언 문명'과 '자연 파괴와 함께 인디언들을 멸족시키는 백인 문명' 간의 충돌로 보고 있지. 그가 생각하는 이러한 두 문명이 공존하려면, 비록 백인이지만 식민지에서 백인 문명을 거부한 채 인디언들과 교류하면서 살아가는 내티 범포와 같은 경계인의 역할이 중요하고 꼭 필요하다는 거야. 백인들의 대자연과 인디언을 파괴시키는 정책에 대해서는 비판적이고 냉소적이면서, 인디언들과 친구로 지내면서 행하는 정의롭고 용감한 활동이 두 문명을 공존할 수 있게 해 준다는 것이지.

쿠퍼는 독자들에게 기회가 될 때마다 물음을 던져. 아름답고 광대한 미국의 대자연의 진정한 주인은 누구인가라고 말이야. 이 대자연을 파괴하는 자들은 과연 옳은 일을 하고 있는지 물어보지. 백인 문명의 개척과 식민지 확보 전쟁으로 날로 파괴되어 가는 대자연을 보면서 쿠퍼는 그 자연을 지켜 내고 싶은 열망을 작품 속에 녹여 내고 있어. 그러면서도 델러웨이 족 노추장의 마지막 독백처럼, 시대적 조류는 막을 수 없으니 결국 대자연은 백인들의 것이 될 것이며 또 그것을 인정하고 그들을 따라 살아야 할 것이라는 결론을 내고 있단다.

¤ 콜럼버스의 새로운 대륙 발견

아메리카 대륙은 1492년에 이탈리아 사람 콜럼버스가 에스파냐의 이사벨라 여왕의 후원을 얻어 인도를 찾아 항해하던 중 도착한 곳이다. 그는 죽을 때까지 이곳이 인도인 줄 알았다. 그래서 처음 본 원주민을 '인도인'이라는 뜻의 '인디언'이라고 부르게 되었고, 처음 콜럼버스가 도착한 곳은 지금도 '서인도 제도'라고 불린다. 이 대륙이 유럽인이 몰랐던 새로운 대륙이라는 것을 밝혀낸 사람은 이탈리아 사람인 아메리고 베스푸치이다. 이후 대륙의 이름은 그의 이름을 따서 아메리카로 부르게 되었다. 2003년에 우고 차베스 콜럼비아 대통령은 콜럼버스가 도착한 10월 12일을 '원주민 저항의 날'로 정하자고 주장했다. 그 이후 아메리카 대륙에 쏟아져 들어온 유럽인들의 원주민 학살로, 1492년 당시 1억 명이던 원주민 인구가 불과 150년 만에 300만 명으로 줄어들었기 때문이다.

¤ 필그림 파더(Pilgrim Fathers)와 메이플라워 호(The Mayflower)

필그림 파더는 1620년에 메이플라워 호를 타고 처음 아메리카로 이주한 영국 청교도들을 말한다. 그들은 종교의 박해를 피해 새로운 꿈을 안겨 줄 아메리카 대륙으로 이주할 결심을 했다. 메이플라워 호는 4.425km를 66일 동안 항해해서, 마침내 오늘날의 매사추세츠에 속하는 케이프 코드에 11월 11일, 도착한다. 그들은 처음 출발했던 항구의 이름을 따서 이곳을 '플리머스 (Plimouth)'라고 명명했다. 도착한 곳에는 영국 국왕의 이름을 딴 제임스타운이라는 정착촌을 세웠는데, 이곳이 북아메리카 최초의 영국 식민지이다. 이들은 청교도를 철저히 신봉하였고 원주민의 도움으로 물고기 잡는 법, 호박과 옥수수와 콩 재배법 등의 생존법을 배워 어려운 삶을 이겨낸다. 필그림 파더들은 항해하는 도중 배 안에서 메이플라워 서약(Mayflower Compact)을 맺었다. 그 내용은 새로 도착한 정착지에 그들 스스로 민간 정치 체제를 만들고 평등한 법률과 헌법 등을 제정하여 모두 이에 따라가기로 한 것이다.

¤ 프랑스-인디언 전쟁

원어는 '프렌치-인디언 전쟁(French and Indian War)'으로, 1755년부터 1763년까지 8년 간 전개되었다. 유럽 각국이 편을 나누어 '7년 전쟁(Seven Years' War, 1756~1763)'으로 싸우고 있을 때, 북아메리카 대륙에서 식민지 쟁탈전으로 빚어진 전쟁이다. 처음에는 프랑스가 승리를 했지만 영국이 역전하여 프랑스는 퀘벡 전투에서 패배했다. 전쟁이 끝났을 때 프랑스는 물론 프랑스와 동맹을 맺었던 에스파냐는 북아메리카 내에 가지고 있던 많은 식민지를 상실하게 되었다. 프랑스는 캐나다 내에 있던 모든 영토를 영국에 넘겨야 했으며, 에스파냐도 플로리다를 영국에게 넘겨주어야 했다. 여기에 프랑스는 루이지애나를 에스파냐에게 주는 뼈아픈 손실을 입었다. 반면 영국은 북아메리카 동쪽의 이분의 일 정도를 획득하여 북아메리카에서 주도권을 잡게 되었다. 종전이 타결된 것은 유럽에서 7년 전쟁이 끝나고 열린 파리 강화회의(1763)에서였다.

레프 톨스토이
『전쟁과 평화』
(1864~1869)

1812년 나폴레옹의 러시아 침공 과정과
러시아 귀족사회를 그린 대하 역사 소설

[독서로 탐구하는 역사] 나폴레옹 전쟁

세계적인 문호인 톨스토이(Lev Nikolayevich Tolstoy, 1828~1910) 가 대하 역사 소설 『전쟁과 평화(Voina i mir)』를 처음 집필하기 시작한 해는 1863년이야. 하지만 작품 구상은 이보다 훨씬 전인 1856년에 이루어졌지. 그해 겨울, 12월에 톨스토이는 시베리아에서 오랜 유배 생활을 마치고 모스크바로 돌아온 '데카브리스트' 가족을 만났어. 알렉산드르 1세(1777–1825)의 죽음 이후 권력의 공백이 이어지자 1825년 12월 26일, 니콜라이 1세가 새롭게 즉위했어. 그때 이에 반기를 들고 상트페테르부르크에서 무장 봉기한 귀족 출신

톨스토이

의 장교들을 '데카브리스트'라고 해. 그들과의 만남은 신선한 충격이었어. 그로 하여금 데카브리스트와 관련한 소설을 쓰겠다는 결심을 하게 하지. 데카브리스트 가족들은 조국에 대한 숭고한 사랑과 희생정신을 갖고 있었는데, 이것이 톨스토이에게 깊은 감명을 주었기 때문이야. 그러나 소설을 쓰기 위해 데카브리스트의 활동 영역을 조사하던 톨스토이는 그들 대부분이 러시아가 프랑스 나폴레옹과 전쟁을 치를 때 참여했던 청년 장교라는 사실에 주목하게 되고, 그보다는 열심히 맞서 싸웠던 러시아 귀족들과 농민들에 대해 쓰는 것이 먼저라는 생각을 하게 됐어. 그래서 그는 1812년에 일어난 나폴레옹의 러시아 침공에 대한 이야기를 시작으로, 데카브리스트의 부모 세대에 해당하는 안드레이 공작과 피예르에 대한 이야기를 완성하게 된 거야.

그렇다면 1812년의 전쟁은 어떤 양상으로 전개된 것일까? 이를 위해서는 우선 프랑스에서 영웅으로 떠받들어지고 있는 나폴레옹에 대해 알아봐야 하겠지? 나폴레옹의 별명은 '혁명을 훔친 사나이'야. 그는 프랑스 대혁명의 결과인 공포 정치에 대한 불만이 높아지자, '브뤼메르 18일의 쿠데타' 라고 불리는 정변을 통해 정권을 잡았단다. 나폴레옹의 영웅성은 전쟁 수행 능력에 있었어. 그가 했던 "내 사전에 불가능은 없다"라는 유명한 말처럼, 그는 1800년에 모두 불가능할 것이라고 생각한 일을 해 냈어. 바로 눈으로 뒤덮인 알프스 산맥을 2만 8000명의 군대를 이끌고 넘는데 성공하여, 오스트리아를 공격해 승리했던 거야. 또한 그는 이탈리아 원정 싸움에서 오스트리아와 12개월 동안 12번을 싸워 12번을 모두 이겼단다. 이러한 영웅성은 수많은 사람들에게 깊은 존경의 마음을 일으켜 나폴레옹을 찬양하는 사람들이 많이 나타났지. 『전쟁과 평화』의 주인공 안드레이 공작이나 피에르도 나폴레옹을 숭앙하는 사람들로 그려지고 있듯이 말이야. 그러나 나폴레옹은 곧 자신의 정체를 드러내지. 열광적인 국민의 지지를 이용하여 황제 자리에 올라 나폴레옹 1세로 등극한거야. 톨스토이는 오만한 인격의 나폴레옹을 비판의 눈초리로 보았기 때문에, 이와 대비하여 진정한 영웅은 운명에 순종한 플라톤 카라타예프라는 이름의 러시아 농민병사였다는 것을 작품 속에서 부각시켰단다.

『전쟁과 평화』를 관통하는 나폴레옹 전쟁은 1805년부터 1812년 사이에 일어난 프랑스와 러시아의 여러 전쟁들을 말해. 가장 먼저 일어난 1805년의 전투는 아우스터리츠 전투야. 아우스터리츠는 지금의 체코 동부 모라바의 지역이지. 프랑스 혁명 정신이 프랑스

와 이웃해 있는 절대왕정 국가인 자신들에게 퍼져올 것을 두려워
한 오스트리아는, 역시 황제가 통치하는 국가인 러시아와 영국을
끌어 들여 프랑스와 대립하는 제3차 프랑스 동맹을 맺었어. 그런
데 나폴레옹은 놀랍게도 러시아, 오스트리아, 프로이센이라는 거
대한 삼국의 군대를 모두 물리쳐 버리지. 이 전투에서 러시아의 알
렉산드르 1세는 27,000여 명의 연합 군대를 잃었는데, 프랑스군은
7,000여 명만이 희생되었으니 프랑스의 대승리임을 알 수 있겠지?

　1812년, 나폴레옹은 다시 한번 러시아에 대한 대대적인 공격을
감행한단다. 이때 모스크바가 프랑스군에게 함락되지. 톨스토이
는 이 역사적인 사건을 실감나게 묘사하기 위해 나폴레옹과 러시
아 황제 알렉산드르 1세, 러시아 사령관이었던 쿠투조프 장군 등
역사적 인물을 대거 등장시켰어. 그리고 세계사적인 관점에서 벗
어나 오로지 러시아사적인 입장에서, 조국을 침공한 원수 나폴레
옹을 물리치기 위해 어떤 숭고한 희생들이 일어났는지를 세밀하게
묘사했지. 그래서 이 전쟁을 러시아 민중들이 조국 러시아를 구해
내는 '애국적인 전쟁'으로 그려냈어.

　톨스토이의 『전쟁과 평화』는 러시아가 프랑스와 벌인 전쟁을 그
린 역사 소설이면서, 19세기 초의 러시아 사회를 상류층에서 밑바
닥에 이르기까지 속속들이 꿰뚫어 본 풍속 소설이기도 하고, 철학

적 사유를 담은 서사적 소설이기도 해.

작품 속에는 19세기 초 러시아의 귀족 사회의 부패한 모습과 이를 비판하는 청년 귀족의 고뇌와 번민이 그려져 있고, 상류층 여성들의 재기 발랄한 모습과 풍기 문란한 풍속도가 낱낱이 묘사되어 있지. 그런가 하면 전쟁 속에서 고통 받는 민중의 삶과 주인공인 피예르가 빠져든, 19세기를 풍미한 프리메이슨과 같은 사상의 유행도 살펴 볼 수 있단다. 프리메이슨은 상류층의 엘리트들이 가입했던 사교 클럽을 말해. 세계 시민주의적인 성격을 가지면서 자유주의적이고, 이성적이면서 합리적인 사고와 실천을 지향했던 단체이지.

『전쟁과 평화』에 등장하는 인물은 모두 599명이나 돼. 그중 중심 인물이라고 할 수 있는 사람들은 자부심이 강하고 지성적인 명문 집안의 야심가 안드레이 공작과, 비록 서자이긴 하지만 엄청난 재산을 소유하게 되는 낙천적 이상주의자 피예르야. 이 둘은 모두 나폴레옹을 숭배했지만, 곧 그들이 숭배해 왔던 나폴레옹은 결국 허상에 지나지 않는 인물이라는 것을 깨닫게 되지. 톨스토이는 나폴레옹 전쟁에서의 진정한 영웅은 신을 믿으며 모든 숙명을 받아들이는 플라톤 카라타예프와 같은 러시아 민중이라고 생각했고, 자신의 작품 속에 그것을 담아내었어.

『전쟁과 평화』의 줄거리

　『전쟁과 평화』의 처음은 1805년, 아우스터리츠 전투가 시작되기 직전, 안나 파블로브나 쉐레르 부인 집에서 열린 연회에서부터 출발하고 있어. 상류층 귀족이 거의 모두 모인 이 연회에서 시니컬한 모습으로 앉아 있던 안드레이 볼콘스키 공작은 막 파리에서 돌아온 절친한 피예르를 만났어. 피예르는 러시아에서 으뜸가는 재산가인 베주코바 백작이 낳은 서자이지만, 백작의 전 재산을 상속받게 되어 있어 사교계의 중심인물로 떠오르고 있었지.

　한편 임신한 몸으로 연회를 즐기는 아내가 못마땅했던 안드레이 공작은 그녀를 시골 영지에 은둔해 사는 아버지와 여동생에게 맡기고, 프랑스 군과 싸우는 러시아 사령관 쿠투조프 장군의 부관으로 전쟁터에 출정하지. 그는 그렇게 전쟁터로 떠나고, 그의 친구인 피예르는 후견인 쿠라긴 공작의 딸 엘렌과 결혼을 했어. 그런데 엘렌은 사교계에서 바람기 많기로 유명한 여성이어서 앞으로 큰 분란을 일으키게 된단다.

　한편 1805년 11월, 안드레이 공작은 아우스터리츠 전투에서 홀로 군기를 들고 적진으로 돌격하다가 그만 중상을 입고 쓰러지게 돼. 그 때, 문득 머리 위에 펼쳐진 푸른 하늘을 바라보며 순간적으로 그 장엄함에 빠져 들었어. 그리고 지금까지 자신이 추구해 왔던 명예와 야망, 숭배해왔던 나폴레옹 등이 한낱 하찮은 것에 지나지 않는다는 깨달음을 얻었단다. 부상을 입은 안드레이는 프랑스군의 야전 병원으로 실려 갔는데, 그 사이 러시아군은 안드레이가 전사한 것으로 생각하고 가족들에게 전사 통지서를 보냈어. 그 소식에 그의 아기를 갖고 있는 아내 리사를 비롯한 가족은 큰 충격과 슬픔에 빠졌지.

그 사이 피예르는 신혼인데도 아내 엘렌이 친구인 돌로호프와 염문을 뿌리자 그에게 결투 신청을 했어. 결투로 명예를 지킨 후 그는 엘렌과 떨어져 별거 생활을 시작해. 그 때문에 피예르가 삶에 대한 깊은 회의에 빠져있을 때, 그는 프리메이슨의 지도자를 알게 되었고 새로운 신앙과 사상의 세계에 발을 들여놓게 됐어.

한편 안드레이 공작이 치료를 받고 완쾌된 몸으로 살아서 시골 영지에 나타나자, 사람들은 깜짝 놀라며 기뻐했지. 그러나 기쁨도 잠시, 안드레이 공작의 부인인 리사는 아들을 낳다가 산통 끝에 숨을 거두고, 안드레이는 회한에 빠져 평생을 영지에서 은둔생활을 할 것을 결심했단다.

하지만 인생은 알 수 없는 법이지. 1809년 봄, 안드레이 공작은 귀족들 사이의 일로 로스토프 백작의 집을 방문했다가 생기발랄한 여인 나타샤를 만나게 돼. 안드레이 공작은 그녀의 강렬한 첫인

상에 끌리고 말았지. 1809년에 무도회에서 재회한 두 사람은 결국 연인이 되어 약혼까지 하게 되었어. 하지만 안드레이 공작의 아버지인 볼콘스키 공작의 반대가 너무 심해서, 둘은 1년 동안 만나지 않기로 하고 안드레이 공작은 외국으로 여행을 떠났지. 그런데 이를 어쩌지? 그 사이를 못 참고 무료함을 느낀 나타샤가 우연히 오페라 공연에서 마주친 엘렌의 오빠인 아나톨리에게 걷잡을 수 없이 끌리게 된 거야. 하지만 아나톨리는 유부남이었어. 방탕한 아나톨리는 유부남인 것을 숨긴채 뻔뻔하게도 나타샤에게 엄청난 구애를 쏟아 부었어. 나타샤는 결국 그의 유혹을 뿌리치지 못하고 함께 도망갈 약속까지 하는 바람에, 안드레이 공작과는 파혼하고 말지. 피예르를 통해 아나톨리가 유부남인 것을 알게 된 나타샤는 자살할 결심까지 하지만 모든 것은 엎질러진 물이었지. 이때 낙담한 나타샤를 위로해 주던 피예르는 자기도 모르게 그녀에게 좋은 감정을 느끼게 되었어. 친구의 여자였던 그녀이기에 피예르는 그런 자신의 감정에 죄책감을 느끼고 괴로워하다가 일단 마음을 접으려 하지.

그로부터 몇 년이 흐른 1812년, 프랑스군과의 전쟁인 보로디노 전투에서 안드레이 공작은 다시 중상을 입어 그만 숨을 거두고 말았어. 한편 러시아 군은 퇴각을 계속하다가 모스크바까지 프랑스군에게 점령당하게 되었지. 이런 가운데 러시아를 전쟁터로 만들며 수많은 사람을 죽음으로 내몬 나폴레옹을 기필코 암살하겠다는 마음을 가진 청년이 있었어. 그가 바로 피예르야. 피예르는 모두들 모스크바를 버리고 허둥지둥 피난을 갈 때, 나폴레옹을 저격할 계획을 세우지만 결국 실패하고 프랑스군의 포로가 되고 만단다. 남편은 적군의 포로가 되었는데도 피예르의 아내 엘렌은 계속 풍기 문란한 행동을 이어가다가 결국 외간 남자의 아기를 임신하지. 그것을 수습하기 위해 아기를 떼어 버릴 수 있다는 약을 몰래 먹었다가 약이 잘못되어 눈을 감고 말아.

역사 속에서 알 수 있듯이 1812년의 전쟁은 러시아의 승리로 끝이 나지. 전쟁이 끝난 모스크바에서 나타샤를 재회하게 된 피예르는 그녀를 깊이 사랑하고 있다는 것을 깨닫게 돼. 두 사람의 사랑은 결실을 맺어 결혼하게 되고, 안드레이의 여동생인 마리야도 이전에 도움을 받아 좋은 감정을 품고 있었던 나타샤의 오빠인 니콜라이와 결혼함으로써 겹경사를 맞게 된단다.

결혼 후 나타샤는 네 아이를 낳고 가정에 충실한 현모양처가 돼. 나타샤는 온몸을 바쳐 가족을 사랑하고 돌보는데 시간을 보내지. 그녀는 비로소 깨달은 거야. 행복이란 자신의 희생을 밑거름으로 해서 이루어진다는 사실을 말이야. 피예르도 이러한 아내 모습을 보고 그녀를 더 믿게 돼. 마리야와 니콜라이 부부도 행복한 나날을

보내고 있었어. 그들은 슬픔의 날을 참고 견디면 결국은 기쁨의 날
이 온다는 평범한 진리를 자신들의 삶 속에서 확인한 거야. 전쟁의
고통스러운 과정을 잘 이겨낸 두 가정은 자신들의 삶에 만족하며
행복하게 살아가게 되었단다.

『전쟁과 평화』의 명장면 들여다보기

『전쟁과 평화』를 읽은 사람이라면 누구나 첫 번째로 꼽는 명장
면이 있어. 정말 잊을 수 없는 장면이거든.

1805년 11월, 아우스터리츠 전투에서 안드레이 공작은 군기를

아우스터리츠 전투

품에 꼭 껴안고 적진을 향해 돌격하다가, 머리에 총을 맞고 쓰러지고 말아. 머리는 타는 것만 같았고 온 몸의 피가 몸 밖으로 빠져나가는 것 같은 고통을 느꼈지. 그때 그의 눈 위로 드높고 맑은 하늘이 보였어. 동시에 쓰러져 있는 그의 옆을 나폴레옹이 지나가지. 그가 그렇게 평소 숭앙하고 있던 그 나폴레옹이 말이야. 그런데 우러러 보이는 하늘에 비해 나폴레옹은 정말 하찮고 작은 인물로 비쳐졌어. 안드레이는 누운 채 생각하지. 어떻게 지금까지 이렇게 높은 하늘이 눈에 들어오지 않았을까, 라고 말이야. 그러고는 자기 자신에게 나는 정말 행복하다고 말하지. 또 저 끝없이 펼쳐진 하늘 말고는 모든 것이 허무하고 속이는 것들뿐이라는 것도 깨달았어. 한마디로 하늘 말고는 아무것도 존재하지 않는다는 사실을 느낀 거야. 안드레이 공작은 지상의 명예나 영광, 욕망 등은 참으로 사소한 것에 지나지 않는다는 인생관의 변화를 겪는단다.

『전쟁과 평화』에서 또 하나의 명장면으로 꼽는 것은, 톨스토이가 항상 부르짖었던 '러시아를 구한 진정한 영웅은 러시아 농민'이라는 주장이 반영되어 있는 장면이야. 그 러시아 농민의 대표를 피예르가 처음 만나는 장면이지.

나폴레옹을 저격하려 했던 피예르는 다행히 무죄 판결을 받고 포로 수용소로 거처를 옮겼어. 그는 거기에서 낙천적이고 단순한,

무식하면서도 선량함 그 자체인 러시아 농민 병사 플라톤 카라타예프를 만나게 되지. 소박하고 항상 웃는 그는 어려움 속에서도 조국에 충직한 마음을 보였어. 그 모습에 감동한 피예르는 그를 정신적 스승으로 삼았단다.

『전쟁과 평화』에는 연인의 두 축을 이루는 남녀가 있어. 안드레이 공작과 생기발랄한 나타샤야. 안타깝게도 나타샤는 바람둥이인 아나톨리의 유혹에 빠져서 안드레이 공작과 파혼하고 자살까지 생각하는 참담함을 겪었어. 이런 파란만장한 사연을 가진 두 연인이 재회를 했다면 그건 정말 명장면이 되겠지? 모스크바가 나폴레옹에게 함락되기 바로 직전, 최후의 날에 두 사람은 운명적으로 다시 만나. 나타샤 집안인 로스토프가에서는 피난을 위해 마련한 마차에 부상병을 실어 나르기로 하는데, 그때 나타샤는 부상병들 속에서 죽어가는 전 약혼자 안드레이 공작을 발견했지. 나타샤는 안드레이의 손에 얼굴을 갖다 대고 폭포 같은 눈물을 흘리며 지난 날 자신의 행동에 대해 용서를 빌어. 안드레이 공작은 정신이 혼미한 상태에서도 나타샤를 알아보고 그녀를 만나게 되어 자신은 정말 행복하다고 하지. 그리고 한시도 나타샤를 잊은 적이 없으며 더욱 순수한 마음으로 나타샤를 사랑하고 있다고 하는 거야. 이 말을 들은 나타샤는 감격과 미안함에 어쩔 줄을 모르지. 다음 날부터 나타샤는 필사적으로 간호하며 안드레이 공작을 치료해 보지만, 그는 결국 숨을 거두고 말아. 그는 죽기 직전에 "죽음은 잠에서 깨어나는 것"이라는 명언을 남기고 영혼의 안식에 이르게 된단다.

역사 안에서 본 『전쟁과 평화』

러시아에는 세계적으로 유명한 3대 문호가 있어. 『죄와 벌(Prestuplenie i nakazanie)』을 지은 도스토예프스키, 『아버지와 아들(Ottsy i deti)』을 쓴 투르게네프, 그리고 톨스토이가 바로 그들이지. 그 중에서 톨스토이를 세계적인 작가 반열에 올려놓은 작품이 바로 우리가 살펴본 『전쟁과 평화』야. 그보다 선배인 투르게네프는 『전쟁과 평화』를, "이 작품은 장대한 서사시이자 역사소설이며, 한 국가의 삶을 표현해낸 거대한 그림이다."라고 평했어.

『전쟁과 평화』에는 톨스토이의 삶과 철학, 사상이 그대로 담겨 있단다. 그는 명문 백작 집안에서 태어났지만, 농지 개혁에 노력하는 등 러시아 농민에 대해 관심이 많았어. 또 비참한 삶을 사는 러시아 농민을 일깨우기 위해 농민 학교를 세우고 활발한 농노 해방 운동을 전개하기도 했지. 톨스토이는 러시아를 살아있게 하는 생명력은 바로 농민에 있다고 생각했거든. 그래서 작품 『전쟁과 평화』에서도 전쟁 영웅 나폴레옹과 대비되는 인간형으로 주인공 피예르를 감화시키는, 러시아 농민 병사 플라톤 카라타예프를 상징적으로 등장시킨 거야.

데카브리스트를 기리는 비석

『전쟁과 평화』가 처음 『러시아통보』에 연재되기 시작했을 때의 제목은 『1805년』이었어. 1805년의 아우스터리츠 전투를 중심으로 이야기를 전개했기 때문이야. 이어서 2권에서 4권까지 연속적으로 출간되었지. 2권은 나폴레옹이 러시아를 침공하는 소위 '조국 전쟁'이 일어나기 전인, 1806년부터 1812년까지를 다루고 있어. 3권과 4권에서는 1812년의 나폴레옹의 러시아 침공 전쟁 기간에 이루어진 '조국 전쟁'을 다루고 있지. 비록 그가 쓰고 싶어 했던 데카브리스트에 대해서는 다루지 못했지만, 피예르의 사상의 전환이 데카브리스트 혁명의 출발점이 되었다는 것을 밝혔어. 그리고 안드레이의 아들인 니콜루쉬카가 미래의 데카브리스트로 성장해 나가는 과정을 그리고 있지.

이렇게 보면 톨스토이의 『전쟁과 평화』는 역사적 소설이자, 풍속 소설이고, 서사적 소설이면서, 역사 속에서 변화해 가는 가족

구성원들의 모습을 시간의 흐름에 따라 추적한 가족 소설로도 볼 수 있어. 또 피예르나 나타샤, 니콜루쉬카의 내면적인 성장을 그려 낸 성장소설이기도 하지.

수많은 인물들을 얽히고설키게 만들어 놓고서도, 어느 한 인물도 놓치지 않고 각 인물의 성격을 뚜렷이 묘사한 톨스토이에게 역시 대문호라는 감탄을 쏟아내게 된단다.

톨스토이는 작품 속에서 줄곧 러시아 민중의 중요한 역할을 강조했다고 앞에서도 말했지? 톨스토이는 역사의 향방을 지배하는 것은 나폴레옹과 같은 영웅주의가 아니라, 민중의 참다운 의식이라고 생각했단다. 그에게 있어 대중이 영웅으로 생각하는 나폴레옹과 같은 인물은 한마디로 허상일 뿐이고, 인간에게 필요한 것은 끊임없는 자신에 대한 성찰과 내면적인 선행의 실천을 통한 도덕적 완성이라는 것을 누누이 강조한 거야.

그는 자신의 작품을 자신 있게 호메로스가 쓴 『일리아스』에 비견되는 작품이라고 했어. 그 말은 결코 과장된 것이 아니야. 『전쟁과 평화』는 19세기 러시아를 강타했던 참혹한 전쟁이 인간과 사회에 가져온 비참함과 끔찍함에 대해 사실주의 입장에서 낱낱이 파헤쳤기 때문이야. 『일리아스』가 고대의 트로이 전쟁을 중심으로 이와 비슷한 메시지를 전달했던 것처럼 말이지.

사실 톨스토이가 이 책을 처음 시리즈로 간행할 때 붙인 제목은 『전쟁과 평화』가 아닌 『전쟁과 세계』라는 의미의 러시아 단어를 사용했다고 해. 그러다가 영국의 브롬필드 출판사가 영역본의 판매량을 늘리기 위해서 제목을 『전쟁과 평화』로 출간한 이래, 현재까지 이 책의 제목을 『전쟁과 평화』로 알고 있단다. 이에 얽힌 흥미로운 사실도 있어. 이 소설이 상류층 사회를 세밀하게 그리고 있기 때문에, 유럽에서는 상류층 사회의 필수 교양 서적으로 널리 읽혔어. 그런데 유럽 사람들이 보기에는 소설 속에 전쟁에 대한 이야기만 많고 평화에 대한 이야기는 적다고 생각했단다. 반면 러시아 사람들은 이 소설을 읽고 전쟁에 대한 이야기는 거의 없다고 평했지. 제목에 얽힌 사연을 모른 채 『전쟁과 평화』라는 제목에 맞춰 생각하다보니 벌어진 일이야.

"내가 아는 모든 것은 사랑하기 때문에 알게 된 것이다."

– 영화 〈톨스토이의 마지막 인생〉 중에서 –

¤ 데카브리스트의 난

데카브리스트를 영어로 번역하면 디셈브리스트(Decembrist)로, '12월에 일어난 사람들'이라는 뜻이 된다. 러시아의 청년 장교들은 1825년 12월 14일, 알렉산드르 1세가 사망하여 혼란한 틈을 타, 프롤레타리아의 급진적인 혁명을 막기 위해 세르게이 트루베츠코이 공작(Prince Sergei Trubetskoy)을 중심으로 입헌 혁명을 일으켰다. 이후 데카브리스트는 '혁명을 일으킨 청년 장교'들을 일컫는 말이 되었다. 이들은 전제 정치의 폐지와 입헌군주국의 수립을 주장했으며, 농노를 해방시키고 농민들에게 토지 분배를 약속하는 혁명적 강령을 제시했다. 그러나 이들의 혁명은 성공하지 못했다. 알렉산드르 1세에 뒤이어 황제에 오른 니콜라이 1세는 121명의 가담자 중 파벨 페스텔 등 5명을 처형하고 가담자들의 대부분을 시베리아로 유형보냈으며, 전제 정치를 더욱 강화했다. 이후 이들이 했던 거사는 실패한 혁명이었기 때문에 '데카브리스트의 반란'으로 불리게 되었다.

¤ 알렉산드르 1세(1777~1825, 재위 1801~1825)

알렉산드르 1세는 러시아 로마노프 왕조의 열 번째 국왕이다. 부왕인 파벨 1세가 암살을 당한 후 왕위에 올라 대내외적으로 많은 업적을 남겼다. 대외적으로는 나폴레옹을 공격하기 위해 제3차와 제4차 대 프랑스 동맹에 가담했으나, 아우스터리츠 전투와 프리들란트 전투에서 대패하였다. 나폴레옹이 몰락한 후 빈 회의의 주축이 되어 새로 수립한 폴란드 왕국의 국왕이 되었을 뿐만 아니라 핀란드를 차지하였으며, 그루지야 · 베사라비아 · 아제르바이잔을 병합하였다. 그러나 전쟁으로 인한 국정 불안과 재정 부족을 해결하기 위해 마련한 둔전병제가 국민의 불만을 야기시켰고, 보수 반동 정치를 행하여 자유주의자들을 탄압했다. 왕의 후계자가 정해지지 않은 가운데 여행지에서 갑자기 숨을 거두어 데카브리스트 혁명이 일어나는 배경이 되었다.

¤ 나폴레옹의 러시아 침공

나폴레옹은 1806년. 베를린 칙령을 공포하여 영국과 유럽 대륙과의 통상을 봉쇄하는 대륙봉쇄령을 내렸다. 러시아의 알렉산드르 1세가 노골적으로 대륙봉쇄령을 어기자 나폴레옹은 1812년에 60만 명의 대군을 일으켜 러시아를 침공하였다. 이 전쟁을 러시아는 '조국 전쟁'이라 부른다. 러시아 전 중 가장 치열한 전쟁인 보로디노 전투에서 나폴레옹은 원정군의 삼분의 일을 잃는 손실을 입었다. 1812년 9월 14일, 러시아 총사령관 쿠투조프가 퇴각한 모스크바로 들어갔지만 모스크바는 텅텅 비어있었다. 더구나 밤에 화재가 발생하여 강한 바람을 타고 며칠을 타올라 모스크바 시내를 불바다로 만들었다. 12월이 되어 나폴레옹군은 뼛속까지 파고 들어오는 추위 속에 주력 부대의 대부분을 상실하고 황급히 철수를 단행했다. 나폴레옹의 러시아 침공 실패는 그의 몰락을 초래했다. 그는 결국 영국의 웰링턴 장군이 이끄는 워털루 전투에서 대프랑스 동맹군을 막아내지 못하고 세인트헬레나 섬으로 유형을 당하게 되었다.

빅토르 마리 위고
『레 미제라블』
(1862)

**격동의 프랑스 정치와 사회적 빈민의 실상을
날카롭게 비판한 역사 소설**

[독서로 탐구하는 역사] 프랑스 대혁명

프랑스를 대표하는 대문호 빅토르 마리 위고(Victor Marie Hugo, 1802~1885)가 쓴 『레 미제라블(Les Misérables)』은 프랑스 대혁명에서 나폴레옹 집권을 거쳐 1830년의 7월 혁명, 1832년의 6월 폭동까지 아우르는 대 장편 역사 소설이야. 그 누구도 빅토르 위고만큼 파리의 구석구석을—심지어 파리 시내 아래의 하수도 구역까지—파헤쳐서 사실적으로 묘사해 낼 수는 없을 거야. 빅토르 위고가 이 소설을 위해 쏟아 부은 세월만 해도 1845년부터 1862년까지, 장장 17년이나 된단다.

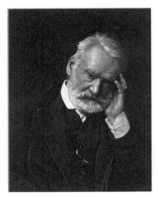

빅토르 위고

『레 미제라블』이라는 제목을 우리말로 옮기면 '불쌍한 사람들'을 의미해. 빅토르 위고는 왜 제목을 '불쌍한 사람들'이라고 지었을까? 그것은 『레 미제라블』의 주인공인 장 발장같이 조카들을 위해 빵 하나를 훔쳤다가 19년의 감옥 생활을 해야 하는, 말 그대로 불쌍하고 비참한 빈민들에 대한 이야기이기 때문이야. 이 제목에는 위정자들의 실패한 경제 정책으로 사회적 빈민을 양산하게 된 것을 날카롭게 비판한 작가 빅토르 위고의 분노가 숨어있지. 그는 왜 위정자들을 겨냥해서 비판의 화살을 보냈을까? 그 이유는 프랑스 혁명사 속에서 살고 있는 주인공 장 발장의 인생을 따라가 보면 찾을 수 있단다. 그 전에 프랑스 혁명사에 대해 간단히 알아볼 거야.

1789년, 프랑스의 국왕 루이 16세가 악화된 재정 문제를 해결하기 위해 170여 년간 한 번도 열린 적이 없던 신분제 의회를 갑자기 소집했어. 이 신분제는 제1신분은 성직자이고 제2신분은 귀족, 제3신분은 시민으로 이루어져 있었지. 하지만 제3신분인 시민들은 불공평한 투표 방식에 반발하여 국민의회를 결성하고, 무력으로 의회를 해산시키려고 하는 루이 16세에 대항했어. 결정적으로 7월

14일에 시민들이 바스티유 감옥을 습격하면서 프랑스 대혁명을 일으키지. 8월이 되자 시민들은 '인간과 시민에 대한 권리 선언문'인 '인권선언'을 공포하고, 10월에는 여성들이 앞장서서 국왕 부처가 화려한 연회를 베풀고 있는 베르사유 궁전까지 행진하여 혁명의 불길은 점점 세게 타올랐어. 이에 왕당파를 중심으로 입법의회가 출범하여 프랑스에 영국같이 입헌왕정을 세우려 했단다. 그러나 혁명을 두려워한 루이 16세가 왕비 마리 앙투아네트와 함께 몰래 국외로 탈출하려다가 발각되는 '바렌 탈출 사건'이 일어났어. 국왕이 비겁하게 나라를 버리고 도망치려 하다니! 이에 시민은 분노했고 혁명은 과격화되기 시작했단다. 국왕의 권한은 정지되었고, 1792년에 국민공회가 성립되면서 제1공화정이 선포되었어. 공화정이 선포된 후 루이 16세와 마리 앙투아네트는 모두 단두대에서 처형되었지.

이후 프랑스에는 자코뱅당의 로베스 피에르를 중심으로 한 공안위원회가 주도하는 공포정치가 행해졌단다. 프랑스 밖에서는 프랑스 혁명 정신이 전파되는 것을 두려워한 오스트리아와 프로이센 등이 대 프랑스 동맹을 맺고 프랑스로 진격해 오고 있었어. 사회는 불안했고, 경제는 엉망이 되었지. 이 시기에 왕당파는 물론 온건파인 지롱드 당원 등 1만여 명의 사람들이 단두대에 올라 죽음을 맞았어. 공안위원회는 물가를 줄이기 위해 안간힘을 쓰며 최고 가격

총재 정부

제를 실시했지. 그러나 그것도 잠시, 1794년에 로베스 피에르가
'테르미도르의 반동'이라고 불리는 역 쿠데타를 당해 재판도 없이
단두대에서 사라졌어. 때문에 물가는 다시 미친 듯이 치솟고 경제
는 크게 악화됐지. 나폴레옹이 다시 쿠데타를 일으켜 정권을 잡는
1799년까지, 프랑스에는 무능한 총재 정부가 들어서는 바람에 경
제가 더욱 엉망이 되었지.

『레 미제라블』에서 주인공 장 발장이 굶주리는 조카들을 위해
빵 한 조각을 훔쳤다가 19년의 징역살이를 하게 된 배경이 바로 이
총재 정부가 집권했을 때인 1796년이란다. 당시의 징역살이란 감
옥에 갇혀 있는 것이 아니라, 중노동에 처해 지는 것이었어. 장 발
장은 채찍질을 당하며 노예같이 헐벗고 굶주리면서, 지중해를 오

가는 갤리선의 노를 젓는 중노동의 형벌을 당해야 했지.

장 발장이 징역살이를 하는 동안 프랑스는 빛과 어둠을 번갈아 드나들었단다. 정권을 잡은 나폴레옹이 알프스를 넘어 오스트리아로 진격하고 전 유럽을 석권할 때는 빛의 세상이었지. 하지만 1812년에 러시아를 침공했다가 대패한 후, 1815년에 워털루 전투에서 패하여 엘바 섬에 이어 세인트 헬레나 섬에 영원히 갇히는 몸이 되었을 때는 어둠이 프랑스를 덮쳤어.

바로 그 다음 해인 1816년에 드디어 장 발장이 출소를 해. 그러나 사회에 돌아온 장 발장을 반겨 주는 사람은 아무도 없었어. 그를 받아 준 미리엘 주교를 배반하고 은기를 훔쳤지만, 주교는 장 발장을 감싸 주었을 뿐만 아니라 은촛대까지 내어주었지. 그에게 감동을 받은 장 발장은 선하게 살아가는데, 고군분투하며 부를 쌓고 사람들의 신뢰를 받아 기업가로 성장했어.

바로 그때 프랑스는 또 한 번의 혁명이 일어나. 부패한 정치를 행한 루이 18세가 쫓겨나고 루이 필리프를 시민의 왕으로 하는 입헌왕정이 성립됐어. 이 사건이 바로 1830년 7월에 일어난 7월혁명이야. 앞서 살펴본 톨스토이의 『전쟁과 평화』에 거론되는 왕은 바로 루이 필리프를 말하는 것이란다.

이 시기 프랑스는 산업 혁명의 파도에 휩쓸리게 되었어. 장 발장이 기업가로 성공을 거두었던 소도시 몽레이유는 영국의 영향을 받아 프랑스에서 산업혁명이 일찍 일어난 곳이야. 장 발장 같은 기업가들은 부르주아가 되어 절대왕정 당시의 귀족 같은 지위를 누리게 되었지. 그러나 그와 동시에 산업 혁명의 어두운 그림자가 프랑스의 가난한 사람들을 덮치기 시작했어. 거리에는 부랑아와 창녀, 알코올 중독자, 술에 취한 노동자가 넘쳐 나고, 여성과 어린이들은 공장에서 저임금으로 중노동에 시달렸어. 악취가 나는 도시의 하수구를 타고 전염병이 돌아 빈민들은 떼죽음을 당하거나, 굶주림 속에서 죽어갔어. 하지만 나라에서 그들을 위해 해 주는 것은 거의 없었지.

결국 더 이상 참다못한 산업 노동자 수천 명이 1831년에 리옹에서 폭동을 일으켰어. 그들은 최저임금제를 주장했지만, 자본가들 대부분이 이에 응하지 않았지. 리옹 지역의 노동자들은 다시 들고 일어났지만, 정부의 철저한 탄압으로 실패하고 말았지.

그러던 중 1832년 6월5일은 나폴레옹의 부관이었고 민중에게 열렬한 지지를 받고 있던 라마르크 장군이 숨을 거두어 장례식을 치르게 된 날이었어. 바로 그날, 빈민과 노동자, 급진적인 공화주의를 주장하는 학생들이 리옹 폭동 진압에 항거하는 대대적인 시위를 일으켰단다. 이 사건이 소설의 정점을 찍게 한 1832년 6월 폭동이야.

『레 미제라블』에서 장 발장은 사랑하는 수양딸 코제트의 연인인 마리우스를 구하기 위해 이 폭동의 소용돌이 속에 몸을 던지지. 사망자만 800여 명에 이르렀던 폭동에서 시위를 주도했던 마리우스가 살아난 것은, 파리 하수도를 몸으로 기면서 부상한 마리우스를 구한 장 발장 덕분이야. 장 발장은 수양딸의 성대한 결혼식을 치른 후 자신의 인생의 비밀을 모두 털어놓고, 평화로운 마음으로 죽음에 이르지.

이렇게 『레 미제라블』은 프랑스 혁명과 산업혁명 시기의 프랑스 사회를 역동적으로 그려나간 대하 역사 소설이자, 당시에 유행한 문학 사조인 낭만주의를 바탕으로 풍성한 읽을거리를 잘 섞은 사회 소설이란다.

『레 미제라블』의 줄거리

『레 미제라블』의 줄거리는 위에서 어느 정도 이야기했지? 장 발장이라는 사람의 인생역전 드라마를 쓰면서 그 속에 '불쌍한 사람들' 이야기를 듬뿍 넣었다는 걸 말이야. 조금 더 자세히 알아볼까?

앞에서 말한 바 있듯이 장 발장은 프랑스 혁명의 시대에 라브리

마을에서 하루 벌어 하루 생활하는 노동자로, 누이동생과 일곱 조카를 부양하고 있었어. 그는 굶주리는 조카들의 배를 채워 주기 위해 빵 한 조각을 훔쳤다가 3년 형을 받아. 장발장은 감옥에서 조카들이 걱정되어 끊임없이 탈출을 시도한 것 때문에 형이 계속 늘어나, 결국 무려 19년 동안 징역살이를 하게 돼. 그가 감옥을 떠나 사회에 나왔을 때는 중년을 훌쩍 넘은 46세가 되었단다. 장 발장은 열심히 살아보려고 했지만, 사회는 전과자에게 너무나 인색했기 때문에 모두들 그에게서 등을 돌리지. 오직 교회의 주교인 미리엘만이 그를 인간답고 따뜻하게 대해주었어.

에휴, 그런데 이럴 수가! 장 발장이 미리엘을 배신하고 사제관의 은기를 훔쳐 버린 거야. 하지만 미리엘 주교는 그런 그를 용서하고 은촛대까지 선물로 주어 장 발장을 감격시키지. 이 일을 계기로 장 발장은 새로운 인생을 살게 된단다. 그는 북부 프랑스의 몽트뢰이유 쉬르 메르라는 작은 도시로 가서 자신의 이름을 마드렌느로 바꾸고 살게 돼. 당시 프랑스는 산업혁명 시기였는데, 그에 맞춰 새로운 기술을 개발하여 공장을 세운 후 큰 돈을 벌었단다. 그는 마음이 따뜻해서 어려운 사람들을 보면 지나치지 못하고 마음을 다해 도와주었기 때문에, 사람들은 그를 신뢰하고 전폭적인 지지를 보내어 장 발장은 마침내 시장까지 되었어.

그러던 어느 날, 마음씨 좋은 장 발장은 그날도 어김없이 마차에 깔려 위험한 사람을 보고 구해주었단다. 그런데 사람을 구해 내기 위해 마차까지 들어 올리는 장 발장의 괴력을 의심의 눈초리로 바라보는 사람이 있었어. 전과자를 사회에서 격리시키는 것이 자신의 책무라고 생각하는 냉혹한 형사 자베르야. 감옥에 있을 때 장 발장이 엄청난 힘을 발휘한 것을 봤던 자베르는 그 기억을 떠올리고는, 그를 장 발장으로 의심했거든. 결국 자베르의 의심 때문에 장 발장으로 오인된 다른 사나이가 체포되어 재판을 받게 되었어. 이에 양심의 가책을 느낀 장 발장은 모든 것을 포기하고 재산을 감춘 다음, 스스로 장 발장임을 밝히고 감옥으로 들어가지. 참 기가 막힌 이야기야. 전과자라는 이유로 여전히 차별과 의심을 받아야 한다니!

하지만 장 발장은 아직 사회에서 하지 못한 일이 있었어. 그가 시장으로 복무하던 시절에 팡텡이라는 창녀에게 마음의 빚을 진 적이 있었거든. 그때 너무나 불쌍했던 창녀 팡텡은 죽으며 그에게 한 가지 간절한 부탁이자 유언을 했어. 그 유언이란 팡텡의 딸인 코제트를 맡아서 잘 키워달라는 부탁이었지. 장 발장은 죽음을 무릅쓰고 이 약속을 지키기 위해 감옥을 탈출했어. 그리고 그는 사악하고 무자비한 테나르디에 부부 밑에서 잔인한 학대를 받고 있던 어린 코제트를 찾아내지. 테나르디에 부부는 코제트와 동갑인 딸

「레 미제라블」 초판에서 에밀 바야드가
그린 코제트의 초상화

에포닌이 있으면서도 어린 코제트를 말할 수 없이 괴롭혔어. 테나르디에 부부에게 큰 돈을 쥐어주고 코제트를 구해낸 장 발장은 그녀를 양딸로 삼은 다음, 파리로 가서 새로운 삶을 살게 돼.

여기서 이야기가 끝났다면 『레 미제라블』은 세계적인 명작이 되지 못했을 거야. 항상 위대한 소설에는 독자가 생각하지 못한 반전이 있지. 그 반전은 바로 감옥을 탈출한 장 발장을 추적해 온 자베르의 끈질긴 손길이 다시 그를 찾아냈다는 거야. 이에 장 발장은 코제트와 함께 수도원에 들어가 꼭꼭 숨어 버리지. 수도원에서 코제트는 사랑스럽고 교양이 있는, 아름다운 처녀로 성장해. 그런 코제트 앞에 근사한 청년 마리우스가 나타나지. 젊고 아름다운 두 남녀는 자신도 모르게 서로에게 끌리고, 곧 불 같은 사랑에 빠졌어. 마리우스는 왕당파인 외할아버지 질노르망에게서 독립하여 'ABC(아베쎄)의 벗'이라는 공화정 프랑스를 꿈꾸는 청년모임에 적극 참여하고 있었어. 그런 그를 위험하게 여기고 둘 사이를 못마땅하게 여긴 장 발장은 코제트를 데리고 다시 숨어버렸지. 하지만 코제트와 마리우스는 에포닌의 도움으로 다시 재회하게 돼. 에포닌은 마리우스를 짝사랑하다가 이후 6월 폭동 때 그 대신 총에 맞아 죽는 비극적인 인물이야.

그런 와중에 앞서 말한 적이 있는 민중의 지팡이 라마르크 장군의 장례식이 열렸던 1832년 6월5일, 대대적인 폭동이 일어나고 여기에 마리우스도 동참했단다. 바리케이드가 무너지고 가담자가 모두 죽음을 당하는 가운데에서 장 발장은 자신의 딸 코제트의 사랑을 위해 결국 마리우스를 구해내는데 성공해. 그 과정에서 파리의 지하수로를 헤매기도 하고, 자베르를 만나는 위기 상황도 벌어졌지만 잘 극복해 낼 수 있었지.

부상을 치료한 마리우스와 코제트는 마침내 결혼을 했어. 장 발장은 마리우스에게 자신의 과거를 털어 놓았는데, 마리우스는 전과자였던 그를 받아들이지 못하고 멀리했지. 외면당한 장 발장은 홀로 되어 외로움 속에 몸이 점점 쇠약해졌어. 하지만 마침내 마리우스는 장 발장이 자신의 생명의 은인이며, 그가 그동안 어떤 선행을 해왔는가를 낱낱이 알게 되었단다. 감동을 받은 마리우스는 코제트를 데리고 장 발장을 찾아가 용서를 빌고, 장 발장은 두 사람이 지켜보는 가운데 평온한 모습으로 눈을 감았지.

『레 미제라블』의 명장면 들여다보기

『레 미제라블』의 명장면은 곳곳에 많이 있어. 미리엘 주교의 은기를 훔쳐 달아났던 장 발장이 붙잡혀 오자, 미리엘 주교는 장 발장이 은기를 훔친 것이 아니라 자신이 선물로 준 것이라며 감싸고 오히려 은촛대까지 선물로 주지. 미리엘은 장 발장에게 그대의 영혼을 신께 바쳤으니 정직하게 살라고 말했어. 미리엘이 범법자이며 절도자인 장 발장을 용서해 주는 장면은 독자들에게 큰 감명을 준단다.

또 가엾은 팡탱이 죽어가며 장 발장에게 코제트를 부탁하는 장면이나, 그녀와의 약속을 위해 죽을 결심으로 감옥을 탈출한 장 발장이 학대받고 있는 코제트를 찾아내는 장면 또한 감격적이지.

또 연인이 된 코제트와 마리우스가 안타까운 이별을 거듭하는 장면이나, 마리우스를 짝사랑했던 에포닌이 마리우스 대신 죽어가며 사랑하는 이를 구해내는 장면도 마찬가지야.

그러나 무엇보다도 『레 미제라블』 최고의 명장면은 장 발장과 자베르가 서로 맞닥뜨리는 장면이야. 바리케이드에 참여했던 장 발장은 혁명군을 구한 공을 인정받아, 스파이로 잡혀있는 자베르에 대한 처형 권한을 넘겨받지. 그러나 장 발장은 그토록 자신을 끈질기게 괴롭혔던 자베르를 죽이지 않고 풀어주었어. 자베르만 죽이면 모든 괴로움에서 벗어날 수 있었지만, 장 발장이 원수인 그를 죽이고 싶은 갈등을 이겨내고 오히려 살려내는 감동적인 장면이야. 그리고 항쟁 속에서 큰 부상을 입어 죽어가는 마리우스를 파리 하수구의 지하 수로를 헤매가며 죽을 힘을 다해 구해내지.

그 이후에 빅토르 위고만이 생각해낼 수 있는 반전에 반전이 거듭돼. 첫 번째 반전은 파리 하수구의 지하 수로를 빠져 나가는 출구에 악당 테나르디에가 버티고 있는 거였어. 겨우 그를 설득하여 죽은 자의 돈을 나누어 갖는 조건으로 출구를 빠져 나오자 두 번째 반전이 기다리고 있었지. 이번에는 자베르가 버티고 있는 거야. 장 발장은 우선 부상당한 마리우스를 외할아버지 집에 데려가 달라고 청했어. 자베르는 마리우스를 데려다 주고는, 장 발장을 체포하지 않고 사라져 버려. 그리고 위고가 창작해 낸 세 번째 반전이 일어나지. 자베르가 스스로 센 강에 몸을 던져 자살을 한 거야. 법이 절대적인 선이라고 굳게 믿어왔던 자베르는 법을 어긴 범죄자인 장 발장이 법의 수호자보다 선한 일을 행하는 것에 대한 충격과 혼란을 이겨낼 수 없었기 때문이란다.

역사 안에서 본 『레 미제라블』

소설을 써 온 문인으로서, 자신이 죽은 후 온 국민의 애도 속에 국민장으로 장례가 치러졌다면 얼마나 영광스러울까? 바로 그 사람이 『레 미제라블』을 지은 빅토르 위고야. 그가 1885년에 세상을 떠나자 프랑스 사람들은 그를 애도하고 국민장으로 장례를 치른 다음, 존경받는 역사적 인물이 묻히는 판테온에서 영원한 안식을 취하게 했단다.

빅토르 위고가 프랑스를 대표하는 문인으로 손꼽히게 된 것은 1831년에 발표한 『노트르담 드 파리(Notre Dame de Paris)』를 쓴 다음부터야. 이 작품을 읽고 수많은 사람들이 주인공인 곱추의 순애보에 눈물을 흘리며 깊은 감동을 받았지. 『레 미제라블』은 그로부터 30여 년의 세월이 흐른 다음 발표된 작품이야. 그 사이에 위고는 가슴 아픈 가정사를 겪기도 하고, 정치 생명이 단절되어 조국을 등지고 망명의 길을 떠나기도 했지. 『레 미제라블』에서 주인공 장 발장이 겪는 좌절과 절망감은 바로 작가인 위고가 겪었던 뼈아픈 경험에서 나온 거란다.

『레 미제라블』을 읽어 보면 수양딸 코제트에 대한 구구절절한 사랑이 담겨있지. 그것은 결코 우연이 아니란다. 위고에게는 사랑하는 딸 레오포딘이 있었는데, 딸이 1843년에 센 강에서 탔던 보트가 전복되는 바람에 물에 빠져 죽고 말았어. 위고는 그 이후로 10여 년을 슬픔에 잠겨 글을 쓰지 않았지. 『레 미제라블』 속 장 발장의 애틋한 부성애는 위고가 죽은 딸에게 주고 싶은 사랑을 소설에서나마 쏟아 부은 것이라고 할 수 있어.

글에서 손을 뗀 후 위고는 정치 일선에 나섰지. 처음에 그는 왕을 지지하는 왕당파였지만, 1848년에 일어난 2월혁명이 노동자와 중산층을 중심으로 성공을 이루자 『레 미제라블』 속 코제트의 연인 마리우스처럼 공화주의로 기울게 돼. 하지만 숙부 나폴레옹 1세를 등에 업고 대통령이 된 루이 나폴레옹이 국민투표를 통해 황제가 되려고 하자, 위고는 이를 강력히 반대하다가 망명길에 올랐단다. 이때가 1851년이었는데, 그는 이로부터 장장 19년 간을 조국으로 돌아오지 못했어. 유럽을 떠돌아다니다가 영국 해협에 위치한 저지 섬과 간디 섬에서 망명 생활을 했지. 소설 『레 미제라블』은 그 망명지에서 탄생한 작품이야. 조국으로 돌아가고 싶지만 돌아갈 수 없는 암울한 위고의 처지는, 밝은 세상에서 당당하게 살고 싶지만 결코 그럴 수 없는 전과자인 장 발장과 닮았지. 그는 망명지에서 법과 권력을 양손에 쥐고 있는 나폴레옹 3세를 비난하면서 인간이 만든 법이 인간을 더욱 옭죄게 한다는 생각을 하게 됐어. 그 과정에서 『레 미제라블』의 집요한 경찰 자베르를 탄생시킨 거란다. 그는 이렇게 말했지.

"법률과 관습이 있기 때문에 사회적인 처벌이 생기고, 그로 인해 문명 한가운데에 인공적인 지옥이 생겨나며, 신이 만들어야 할 숙명이 인간이 만든 운명 때문에 엉켜버리고 있다."

자신이 나폴레옹 3세 때문에 원치 않는 망명을 가야 하듯이, 인간이 인간을 응징하는 것은 참을 수 없는 일이라고 생각했어. 위고는 작품 『레 미제라블』을 통해 사회의 악에 맞서 싸우는 너무나 인간적인 주인공 장발장을 세상에 내놓았지.

『레 미제라블』은 18세기 말에서 19세기의 프랑스 민중의 초상을 그려낸 것과 같아. 작품 속에 나오는 장 발장, 자베르, 미리엘, 팡탱, 코제트, 마리우스, 에포닌, 꼬마 가브로슈, 그리고 악인 테나르디에 등은 모두 그 시대에 살았던 성인, 여성, 어린이, 경찰 등의 초상이지.

위고는 작품 속에서 이렇게 외쳤어. 형무소가 죄인을 만들어 낸다는 것, 평등의 첫 번째는 공정함이어야 한다는 것, 개혁 의식은 일종의 도덕 의식과 같으며 진보야말로 인간의 존재 방식이라고 말이야.

인류의 진보를 믿고 미래에 건설될 이상세계에 대한 뚜렷한 믿음을 가지고 있었던 위고는, 장 발장을 통해 악이 응징당하고 선이 보상 받을 수 있을 때가 반드시 올 것이라는 신념을 가졌어. 국가와 권력 집단이 돌보지 않는 민중들을 돌보는 양심적인 인물만이 악에 의해 무너지는 사회를 구해낼 수 있다는 바로 그 신념이, 사회 고발 소설인 『레 미제라블』을 탄생시킨 것이란다.

¤ 로베스 피에르

프랑스 대혁명 당시 급진파였던 자코뱅당은 제3신분을 대표하며 급진적인 개혁을 주장했던 사람들이다. 이들을 이끈 가장 대표적인 사람이 공안위원회를 조직하여 일인 독재 체제를 구축했던 로베스 피에르(1758~1794)이다. 그는 국민공회의 일인자가 되어 사회의 불평등을 해소하고, 모든 사람에게 교육과 직장을 가질 수 있도록 하는 이상 사회를 꿈꾸었다. 혁명의 이념을 위해 루이 16세와 마리 앙투아네트는 물론, 온건파인 지롱드 당원과 동료인 당통을 비롯한 자코뱅당원들까지 1만 명이 넘는 사람들을 단두대로 처형하는 공포정치를 시행하였다. 하층민을 위해서는 최고 가격제를 실시하고, 프랑스로 쳐들어오는 대프랑스 동맹 국가들로부터 국가를 지키기 위해 국민징병제를 실시했다. 그러나 그도 결국 1794년 7월28일, 테르미도르의 반동으로 단두대에서 비참하게 세상을 하직했다.

¤ 7월혁명(1830)

나폴레옹이 웰링턴 싸움에서 대패하여 세인트 헬레나 섬에 유배당한 이후, 유럽에는 모든 것을 프랑스 혁명 이전의 절대왕정 시대로 되돌리자는 빈체제가 성립했다. 빈체제라고 한 것은 오스트리아의 수도 빈에서 회의가 열려 결정된 사항이기 때문이다. 빈체제에 따라 프랑스에 왕정복고가 되어 왕위에 오른 부르봉 왕가의 루이 18세나 샤를 10세는 절대왕정 때 모습으로 돌아가 국민을 탄압했다. 1830년에 샤를 10세는 하원을 해산하고 출판의 자유를 정지시키며, 선거권을 세금을 많이 내는 사람에게만 준다고 하는 7월칙령을 선포했다. 이에 자유주의 부르주아를 중심으로 하는 프랑스 국민들은 7월혁명을 일으켜 부르봉 왕가를 몰아내고, '시민의 왕'으로 루이 필리프를 즉위시켜 입헌왕정을 수립하였다.

¤ 2월혁명(1848)

7월혁명이 일어난 지 18년 만인 1848년 2월, 프랑스에서 일어난 혁명을 2월혁명이라고 한다. 1830년 7월에 프랑스에서 일어난 7월 혁명은 자유주의적 입헌혁명이었지만, 상류층에게만 선거권을 부여하고 자본가 계급을 중심으로 국가를 통치하려고 하여 노동자들과 산업 부르주아의 불만을 가져왔다. 이들은 1848년 2월 혁명을 일으켜 혁명 발발 3일 만에 시민의 왕이던 루이 필리프를 몰아냈다. 그는 초라한 모습으로 런던으로 망명을 떠났다. 2월혁명의 성공으로 프랑스에는 제2공화정이 수립되었다. 2월혁명의 불길은 유럽으로 퍼져나가서, 오스트리아에서도 3월혁명이 일어나 빈체제를 주도하던 오스트리아의 외상 메테르니히가 실각했고, 빈체제는 역사의 뒤안길로 사라졌다.

마거렛 미첼
『바람과 함께 사라지다』
(1936)

**미국 남북전쟁 시기를 살아가며 남부 농장 타라를 지켜내는
강인한 여성의 고군분투기**

[독서로 탐구하는 역사] 남북전쟁

『바람과 함께 사라지다』는 미국 여류 작가인 마거렛 미첼(Margaret Mitchell, 1900~1949)이 1936년에 쓴 장편 역사 소설이야.

원어로는 『Gone with the wind』인데, 그렇다면 도대체 무엇이 바람과 함께 사라졌다는 뜻일까? 그 뜻은 바로 남북전쟁 속에 담겨 있단다. 남북전쟁은 미 합중국에서 독립하기를 원했던 남부와, 남부의 독립을 무슨 일이 있어도 막으려 한 북부가 1861년부터 1865년까지 벌인 전쟁이야. 너무나 참혹하고 수많은 사상자를 냈던 남북전쟁 동안, 남부의 아름다웠던 목화밭이며 신사도와 같은

모든 전통이 한순간에 사라지고 말았다는 의미야.

그렇다면 남북전쟁은 왜 일어났을까? 미국에서는 남북전쟁을 '내란(The Civil War)'이라고 하지. 당시 북부는 인구가 2200만 명인 데 비해, 남부는 인구 900만 명 중 자그마치 300만여 명이 흑인 노예들이었어. 때문에 전쟁에 동원될 인구가 적은 남부가 일방적으로 불리한데도 이들이 전쟁으로 치닫게 된 이유는 무엇일까?

남부는 노예를 이용한 면화 농업으로 경제를 일구어 나가고 있었고, 또 자유 무역을 원했지. 이에 비해 북부는 도시를 중심으로 하는 공업이 발달하면서 임금을 받는 자유 노동자가 많이 필요했어. 또 무역에 있어서도 국내산 물품을 보호하기 위해 외국 물건에 높은 관세를 붙이는 보호무역을 원했지.

그런데 미국이 발전하면 발전할수록 혜택이 북쪽에만 집중됐던 거야. 철도의 대부분이 북부에만 건설된 데다, 연방의회는 북부에게만 유리한 법률을 통과시켜 날이 갈수록 남부의 입지가 줄어들었지. 게다가 노예들은 자유를 찾아 하루가 멀다하고 북부로 도망쳐 나갔어. 설상가상으로 1850년대에 들어서자 남부를 제외한 주들이 노예제를 금지하기 시작했지 뭐야.

갈수록 설 자리를 잃은 남부는 1860년에 치뤄진 대통령 선거에 마지막 기대를 걸었지. 남부 출신의 대통령이 선출된다면 남부에 일방적으로 불리한 조건들이 개선될 수 있으리라 생각한 거야. 하지만 남부가 지지하는 민주당이 강경파와 온건파로 분열되어 단일 후보를 내지 못했어. 이 와중에 공화당은 단일 후보로 에이브러햄 링컨을 출마시켰는데, 그는 노예제 폐지를 선거 공약으로 내걸어 일방적인 승리를 거두었지. 당시 미국에는 노예를 해방시킨 자유 주가 19개, 노예를 인정하는 노예주가 15개, 자유주와 노예주 사이의 경계주는 4개가 있었지. 결국 사우스캐롤라이나 주를 시작으로 남부의 연방 탈퇴와 독립선언이 시작되었어. 미시시피, 플로리다, 앨라배마, 조지아, 루이지애나, 텍사스가 사우스캐롤라이나의 뒤를 따랐고, 연방을 탈퇴한 주들은 미연합국(Confederate States of America)이라는 이름으로 새로운 독립 국가를 세웠지. 그들은 제퍼슨 데이비스를 대통령으로 선출했어. 또 버지니아 주가 남부에 들어오자 그 뒤를 따라 아칸소, 테네시, 노스캐롤라이나가 미 연방을 탈퇴했지. 미국은 건국한 지 100년도 안 되어 남북으로 분열되고만 거야.

링컨은 취임 연설에서 남부의 연방 탈퇴를 '내란'으로 규정하고, 이를 막기 위해서는 무력 사용도 불사하겠다는 강력한 경고를 했지. 하지만 남부는 오히려 보란 듯이 1861년 4월 12일 새벽 4시 30분에 연방군의 섬터 요새를 선제 공격했고, 결국 남북전쟁이 일어나고 말았어. 이러한 내용들은 『바람과 함께 사라지다』에 생생하게 그려져 있어, 당시의 긴박했던 상황을 잘 알 수 있게 해 준단다.

전쟁 초반엔 전쟁사에서 미국 출신 최고의 영웅으로 평가받고 있는 리 장군의 진두지휘로 남부가 일방적인 승리를 거두었어. 미 연방의 수도 워싱턴이 위기에 빠졌을 정도였단다. 그러자 링컨은 1863년 1월에 전격적으로 노예 해방을 선언했어.

"… 미국의 대통령인 나, 에이브러햄 링컨은 … 반란주로 지정된 주에서 노예로 있는 모든 사람은 1863년 1월 1일을 기해 영원히 자유의 몸이 될 것임을 선포한다 …."

그는 사실 노예 해방론자는 아니란다. 노예 해방이 미 연방을 유지하는데 도움이 되기 때문에, 전쟁을 역전시키는 수단으로 노예 해방을 선언한 거야. 이러한 그의 의도는 링컨이 언론인 호레이스 그릴리에게 보낸 편지에 잘 나타나 있어.

"나의 제일의 관심은 연방을 유지하는 것입니다. 노예제를 허용하느냐 금하느냐 하는 것은 그 다음 문제입니다. 만약 노예를 해방하지 않고도 연방이 존속될 수 있다면 그렇게 하겠습니다. 연방을 위해 모든 노예를 해방해야 한다면 역시 그렇게 하겠습니다."

즉, 노예 해방을 한 것은 흑인들의 인권을 위해서가 아니라, 남부군에게 밀리고 있는 전쟁을 역전시키기 위해서였지. 그리고 실제로 노예 해방을 하자마자 노예들이 대거 탈출하여 북부군에 지원함으로써, 남북전쟁의 양상이 뒤집히게 되었어.

노예 해방 선언문

이러한 남북 전쟁을 배경으로 남부 사람들이 어떤 삶의 변화를 겪게 되는지를 생생하고 역동적으로 써 내려간 소설이 『바람과 함께 사라지다』란다.

『바람과 함께 사라지다』의 줄거리

『바람과 함께 사라지다』는 여주인공인 스칼렛 오하라의 이야기라 해도 과언이 아니지. 그녀는 남부의 자존심이며 남부 귀부인을 대표하는 여성으로, 매사에 자신감이 넘쳤어. 뚜렷한 미인은 아니었지만, 남성들은 스칼렛에게 한번 사로잡히면 정신을 차리지 못할 정도로 그녀는 매력적인 여성이었지. 『바람과 함께 사라지다』의 작가 마거렛 미첼이 그렇듯이 스칼렛의 아버지는 조지아 주의 애틀란타에 오랜 뿌리를 가지고 있는 아일랜드 계통 사람이야. 그는 '타라'라고 불리는 큰 농장을 소유하고 있었어. 스칼렛의 어머니는 프랑스계 귀족 출신이었단다. 그런 부모님과 함께, 스칼렛은 유모이자 흑인 노예인 에이미의 도움을 받으며 아름다운 여성으로 성장했어.

『바람과 함께 사라지다』의 본격적인 이야기는 이러한 주인공들과 함께 남북전쟁이 일어나기 직전의, 활기가 넘쳤던 남부의 대농장 타라에서 시작한단다. 16세가 된 스칼렛 오하라가 사랑하는 남성은 품위 있고 교양이 넘치는 애슐리였어. 그런데 애슐리는 스칼렛의 마음을 외면하고, 사촌인 멜라니와 결혼을 하지. 자존심이 상한데다가 질투심에 불탄 스칼렛은 애슐리에게 복수하려는 마음으로, 애슐리의 여동생과 결혼하기로 약속되어 있던 찰스를 빼앗아 결혼해 버려. 그러던 중 드디어 남북전쟁이 시작되고 스칼렛 주변의 남성은 전쟁터에 가게 되었는데, 스칼렛의 남편인 찰스도 예외는 아니었지. 안타깝게도 찰스는 얼마 안 있어 병에 걸려 죽고 만단다. 남편이 전사한 후 스칼렛은 아들을 낳았고, 유모인 에이미와 함께 찰스의 숙모댁에서 살게 되지. 하지만 여전히 그녀는 죽은 남편은 까맣게 잊은 채 오직 애슐리에 대한 사랑에 매달려 있었어. 그래서 스칼렛은 급기야 애슐리의 부인인 멜라니의 곁으로 찾아왔어. 그리고 남북전쟁에 참여했던 애슐리가 크리스마스에 휴가를 얻어 나오자, 애슐리에게 아직도 변함없이 사랑한다는 고백을 해.

하지만 애슐리는 스칼렛에게 가족을 부탁한다는 말만 남기고 다시 전쟁터로 떠났어.

부상당한 수많은 남부군이 몰려오는 가운데, 애틀란타도 북부군에게 점령되기 직전의 상태가 됐어. 그 와중에 멜라니는 아들을 낳았어. 애슐리에게 가족을 부탁한다는 청을 받은 스칼렛은 레트의 도움을 받아, 멜라니와 아기, 그리고 유모 에이미를 태우고 불바다가 된 애틀랜타를 겨우 벗어나 고향인 타라로 향했단다.

잠깐, 여기서 레트가 누구냐고? 이전에 잠깐 인연이 닿게 되었던 다소 거만하지만 남자다운 사람이지. 레트 버틀러의 도움을 받아 간신히 고향으로 돌아왔지만, 타라도 전쟁 때문에 폐허가 되어 있었어. 설상가상으로 어머니는 병으로 눈을 감았으며, 아버지는 정신병으로 폐인이 되어 사람 구실을 하지 못하고 있었지. 스칼렛은 타라와 가족을 살리기 위해 몸을 바쳐 일을 하지만, 막대한 세금 통지서 앞에서 좌절을 할 수 밖에 없었어. 이때 레트가 큰 돈을 벌었다는 사실을 안 스칼렛은 자존심을 버리고 그를 찾아갔단다. 하지만 전부터 사소하게 어긋났던 둘 사이는 레트의 얄미운 발언으로 더욱 악화되었어. 레트가 스칼렛의 자존심에 더욱 상처를 주는 바람에, 그녀는 레트를 증오하게 돼.

결국 스칼렛은 타라를 살리기 위해 여동생의 약혼자이며 부자인 프랭크 케네디를 빼앗아 재혼을 했지 뭐야. 그녀는 임신한 가운데서도 전력을 다해 제재소를 경영하며 그 돈으로 농장 타라를 살려 냈어. 그런데 스칼렛에게 또다시 비극이 찾아왔어. 남편 프랭크도 백인들이 만든 비밀 결사 단체이자 인종차별 단체인 KKK단으로 활동하다가 총에 맞아 죽고말지.

한편 줄곧 스칼렛을 마음에 담아 두었던 레트는 그녀에게 청혼을 해 왔어. 스칼렛은 아직 레트를 미워하고 있었지만, 돈이 필요했기 때문에 그의 청혼을 받아들였지. 스칼렛은 레트와의 사이에 예쁜 딸 보니를 낳았고 이제는 행복해지려나 싶었지만, 아직도 끊어지지 않은 스칼렛의 애슐리를 향한 집착이 모든 행복을 빼앗아 가 버렸어. 스칼렛은 레트와 결혼했지만, 그녀의 애슐리에 대한 사랑 때문에 불화가 매우 심했거든. 하지만 스칼렛은 이후 멜라니의 죽음을 통해, 애슐리가 진정 사랑했던 사람은 자신이 아닌 멜라니라는 것을 알게 되었어. 또 멜라니가 레트를 소중히 하라는 유언을 남기자 비로소 자신의 진짜 마음에 대해 깨닫지. 자신이 정말 사랑하는 남자는 레트라는 것을 알게 된 거야. 하지만 이 무슨 운명의 장난인지, 레트와 스칼렛을 연결해 주던 딸 보니가 말에서 떨어져 뜻하지 않은 죽음을 맞으면서 두 사람의 사이는 돌이킬 수 없게 돼. 레트는 더 이상 애슐리의 대역을 하기 싫다면서 스칼렛에게서 떠나갔어. 그렇지만 스칼렛은 이에 체념하지 않고, 내일은 또 다른 날이 되니 자신에게 언제나 힘이 되는 농장 타라로 돌아가 레트를 되찾겠다고 결심하며 소설은 끝을 맺게 된단다.

『바람과 함께 사라지다』의 명장면 들여다보기

『바람과 함께 사라지다』에서 독자들이 꼽는 명장면을 알아볼까?

첫 번째 명장면은 첫 번째 남편이 병으로 죽는 바람에 과부가 된 스칼렛 오하라가 병원의 자금을 모으기 위한 자선 무도회에서 레트 버틀러의 청을 받아 춤을 추는 장면이야. 당시는 상복을 입은 과부가 무도회장에서 춤을 추는 것은 상상도 할 수 없는 시대였지. 그런데도 너무나 춤을 추고 싶어 하는 스칼렛의 마음을 읽은 레트 버틀러가 막대한 기부금을 내고 스칼렛이 춤을 추도록 기회를 만든 거야. 앞서 다른 남성들이 춤을 추고 싶어 하는 여성을 위해 건 기부금은 20달러 수준이었지. 그런데 레트 버틀러가 미망인 스칼렛을 위해 건 돈은 금화로 150달러나 됐어. 검은 상복을 입은 스칼렛과 레트 버틀러가 함께 춤을 추는 장면은 잊을 수 없는 명장면 중 하나이지.

두 번째 명장면은 거의 폐가 수준이 된 타라를 다시 일으키기 위해, 스칼렛이 돈 많은 레트를 유혹할 수 있는 멋진 드레스를 만들어 입는 장면이야. 전쟁 통이라 멋진 옷감을 구할 수도 없고, 또 그럴 만한 돈도 없었어. 순간 스칼렛은 눈앞에 있는 커텐을 뜯어내어 직접 드레스를 만들기로 결심했지. 기지를 발휘해 커텐으로 아름다운 드레스를 지어 입은 스칼렛의 모습은 고혹적으로 아름다웠어.

세 번째 명장면은 바로 소설의 마지막 장면이야. 애슐리에 집착하는 스칼렛에 지친 레트 버틀러는 결국 그녀 곁을 떠나버렸어. 그런데 그때서야 스칼렛은 자신이 진정으로 사랑하는 남성이 애슐리가 아니라, 바로 레트 버틀러인 것을 깨닫게 된 거야. 그녀는 좌절하기 보다는 얼굴을 똑바로 들고 자신에게 주문을 외우지. "나는 레트를 되찾을 수 있다."고 말이야. 그리고 그 모든 것을 농장 타라에 돌아가서 생각하기로 했어. 타라는 스칼렛의 탄생과 성장, 가족의 추억이 어려 있는 그녀의 생명의 원천같은 곳이기 때문이야. 스칼렛은 타라에서 마음을 추스르며 레트와 다시 재회할 방법을 찾아보기로 결심해. 그동안 자신이 마음에 둔 남자치고 자신의 마음대로 되지 않는 남자는 없었다고 자신하면서 말이야. 그리고 마지막 대사를 하지.

"Tomorrow is another day."

이 대사는 한국에서 "내일은 내일의 태양이 뜬다."로 번역되어, 『바람과 함께 사라지다』에서 가장 인상 깊은 대사로 기억되고 있단다.

역사 안에서 본 『바람과 함께 사라지다』

『바람과 함께 사라지다』를 쓴 마거릿 미첼은 미국 남부의 조지아 주 애틀랜타에서 1900년에 태어났어. 아버지와 오빠가 모두 변호사였고, 그녀의 집안은 애틀랜타에서만 100년 이상 살아온 전통 있는 집안이었단다.

마거릿 미첼은 소설 속에 자신의 이야기를 많이 반영시켰어. 자신의 집안이 아일랜드 혈통이어서 소설의 여주인공인 스칼렛도 아일랜드 혈통을 가지고 있다고 썼지. 또 그녀의 외조부가 남북전쟁 당시 남부군으로 참여한 전력이 있어, 어려서부터 들어온 남부의 자랑스러운 전통과 목화밭의 소중함, 남북전쟁에 대한 여러 가지 이야기들을 이 소설에 담았단다. 더군다나 그녀 자신이 이혼과 재혼을 직접 겪었기 때문에, 여주인공인 스칼렛의 성급한 결혼과 재혼을 실감나게 그려 낼 수 있었어.

마거릿 미첼은 전 생애 동안 오직 이 한 작품만을 발표하여 미국을 대표하는 여류작가의 반열에 올랐지. 그녀가 처음 소설을 쓰게 된 계기는 두 번째 남편인 존 로버트 마시의 권유 때문이야. 잡지사의 기자였던 마거릿은 다리 부상 때문에 기자 생활을 그만두고, 수년 동안 자료 조사와 습작에 몰두하여 작품을 구상한 지 10년 만인 1936년에 마침내 『바람과 함께 사라지다』를 완성했지. 출판사는 무명 작가의 첫 작품을 출간하면서 고민이 많았지만, 그것은 기우에 지나지 않았어. 『바람과 함께 사라지다』는 출간되자마자 출판계를 휩쓸어, 1년 만에 150만 부가 팔려나가는 밀리언셀러가 되었단다. 세계 30여 개의 언어로 번역되어 전 세계에서 수천만 부가 날개 돋친 듯이 팔려 나갔지. 1937년에는 퓰리처 상을 수상하는 영광까지 안았으니 놀라운 일이지! 1939년에는 비비안 리와 클라크 게이블이 주연하고 빅터 플레밍이 감독한 영화로 제작되어, 아카데미 상에서 자그마치 10개 부문을 휩쓰는 영광도 거머쥐었단다.

하지만 안타깝게도 마거렛은 1949년 8월 16일, 뜻하지 않은 자동차 사고로 숨을 거두었어. 죽기 전 그녀는 생전에 써 놓았던 모든 원고를 없애달라고 부탁하여, 이 작품 외에 모든 작품은 파기되었다고 해.

흥미로운 건, 『바람과 함께 사라지다』가 소설의 제목이 된 과정이야. 원래 마거렛 미첼이 생각했던 원제목은 소설 마지막에 스칼렛 오하라가 레트 버틀러와 헤어지게 되면서 한 대사인, "내일은 또 다른 날이 된다(Tomorrow is another day)"였어. 그러나 무명 작가의 첫 소설을 출판하는 입장이었던 맥밀란 출판사는 그런 제목으로는 책이 잘 팔리지 않을 거라고 생각했어. 그래서 작가의 생각을 무시한 채 작품 첫 머리에 나온 내용을 토대로, 일방적으로 책 제목

을 『바람과 함께 사라지다』로 정했단다. '바
람과 함께 사라지다'라는 이 문장은 영국이
자랑하는 19세기 낭만파 시인인 어니스트 다
우슨(Ernest Dowson, 1867~1900)이 쓴 〈시나
라(Cynara)〉라는 시에서 가져온 것이라고 해.

『바람과 함께 사라지다』는 16살의 스칼렛
오하라라는 여성이 사랑에 눈을 뜨는 28살의
여인으로 성장하는 과정을 담은 성장 소설이

영화 〈바람과 함께 사라지다〉의
포스터

야. 또 남북전쟁을 전후로 한 격동기에 미국 남부 사람들이 어떻게
어려운 시기를 헤쳐 나갔는지를 파헤친 역사 소설이기도 하지. 다
만 남부 사람들의 시각으로 이야기가 진행되면서, 노예 노동에 의
해 유지된 남부의 대농장의 삶을 이상적으로 묘사한 것은 시대의
발전을 역행한 아쉬운 점이긴 해. 그럼에도 불구하고 남북전쟁의
험난한 시기 속에서도 용기를 잃지 않고 진취적인 삶을 개척해 나
가는 매력적인 스칼렛 오하라와, 오직 한 여성에 대한 변치 않는
사랑을 보여주는 레트 버틀러의 밀고 당기는 애정 이야기 자체만
으로도 충분히 매력적이지. 덕분에 이 명작은 현재까지 전 세계 수
많은 독자들에게 널리 읽히는 스테디셀러가 되었단다.

¤ **에이브러햄 링컨**(Abraham Lincoln, 1809~1865)

에이브러햄 링컨은 미국의 제16대 대통령이다. 그는 미국 서부 변방 지역이던 켄터키 주 호진빌에서 가난한 농부의 아들로 태어나 학교를 다니지 못했다. 때문에 독학으로 공부하여 변호사가 되었다. 일리노이 주 의원에 이어 하원의원에 당선되었지만, 상원의원 선거에서 두 번이나 고배를 마셨다. 하지만 그 과정에서 그가 노예 반대론자라는 것을 국민들에게 각인시켰다. 드디어 공화당 대통령 주자가 된 링컨은 1860년, 제16대 대통령에 당선되었다. 이에 남부가 분리 독립을 선언하였고 남북전쟁(1861~1865)이 일어났다. 전쟁 과정에서 남부군의 승리로 전세가 불리해지자 그는 1863년에 노예 해방령을 발표했다. 이에 응답한 흑인들이 대거 북부군을 지원함으로써 전세가 역전되었다. 1863년 11월 19일, 미국 펜실베이니아 주 게티즈버그에서 했던 '인민의, 인민에 의한, 인민을 위한 정부는 지상에서 영원히 사라지지 않을 것이다' 라는 연설은 지금까지도 수많은 사람들이 인용하는 연설로 유명하다. 1864년, 대통령에 재선되었으나 다음 해인 1865년 4월14일, 남부 지지자에게 암살당했다.

¤ **자유주, 노예주, 경계주**

미국 남북전쟁 과정에서 미국의 주는 세 가지 형태로 나뉘었다. 미 합중국의 연방을 유지하며 노예 제도가 폐지된 주를 자유주라고 한다. 보통 북부를 말하는 것이다. 이에 비해 노예 제도가 합법이었던 주를 노예주라고 한다. 이들이 남북전쟁 과정에서 남부 연합이 되었다. 북부군을 구성하는 자유주는 19개, 남부군을 구성하는 노예주는 15개가 있었다. 경계주는 4개로, 노예 제도를 합법적으로 인정하고 있으나 미 합중국 연방에서 탈퇴하지 않은 주를 말한다.

¤ KKK단

소설 『바람과 함께 사라지다』에서 주인공인 스칼렛 오하라가 두 번째로 결혼한 프랭크는 KKK단으로 활동하다가 숨을 거둔다. KKK단의 KKK는 Ku, Klux, Klan의 약자로, '원과 집단'을 의미하는 용어이다. 이들은 백인을 상징하는 흰색 천으로 온몸을 감싸고 활동한다. 그들은 남북전쟁 당시 남부군의 기병 대장이었던 네이턴 베드포드 포레스트를 중심으로 남부의 재건을 목표로 처음 조직되었다. 노예 해방을 지지하는 백인들을 습격하고, 투표권을 가지게 된 흑인들에 대한 테러를 자행한데서 시작되었다. 활동할 때는 준 종교의식으로서 얼굴까지 원뿔 모양의 흰 두건으로 가리는 극렬한 백인 우월주의자들이다. KKK단은 현재까지도 미국 각지에서 이슈가 있을 때마다 재등장하여, 백인 우월주의를 목표로 백인에 의한 다른 인종의 지배를 실현시키기 위해 끊임없는 테러와 분쟁을 일으키고 있다.

F. 스콧 피츠제럴드, 「위대한 개츠비」

안네 프랑크, 「안네 프랑크의 일기」

조지 오웰, 「동물농장」

Part 04

현대를 배경으로 한 소설

전쟁과 이념으로 생긴 상처를 담다

F. 스콧 피츠제럴드
『위대한 개츠비』
(1925)

제1차 세계대전 이후부터 대공황까지,
미국의 호황 시기를 그린 흥미로운 소설

[독서로 탐구하는 역사] 제1차 세계 대전

1900년대부터 시작된 현대 세계는 어떤 세계였을까? 그 시대의 내면을 잘 알려주는 유명한 소설이 있어. 그 소설이 바로 F. 스콧 피츠제럴드(Francis Scott Key Fitzgerald, 1896~1940)가 쓴 『위대한 개츠비(The Great Gatsby)』란다. 『위대한 개츠비』의 줄거리를 제대로 이해하기 위해서는, 먼저 소설 속 배경이 만들어지는데 영향을 준 세계 대전에 대해 알고 있어야 해. 세계 대전은 왜 일어났고, 또 어떤 양상으로 전개되었을까?

현대에 세계 대전이 일어난 것은 강대국들의 힘겨루기 때문이 란다. 자본주의가 고도로 발달하면서 생산한 제품을 값싸게 팔아 치우기를 원했던 강대국들은 아프리카, 아시아, 오세아니아 지역 에서 식민지 쟁탈전에 나섰어. 강대국들이 더 많은 식민지를 확보 하기 위해 열을 올리는 가운데, 1914년에 일어난 사라예보 사건을 계기로 인류 최초의 세계 대전이 일어났단다. 사라예보 사건이란 1914년 6월, 오스트리아 - 헝가리 제국의 황태자 부처가 가브리엘 로 프란치브라는 세르비아의 애국 청년으로부터 암살당한 사건을 말해. 이에 세르비아를 옹호하는 러시아가 범슬라브주의를 중심으 로 연합국을 끌어 모았고, 오스트리아 - 헝가리 제국은 범게르만 주의를 중심으로 독일, 이탈리아 등의 동맹국을 끌어 모아 세계 대 전으로 발전하게 되지. 이 세계 대전을 제1차 세계 대전이라고 해.

루시타니아 호

처음엔 미국은 전쟁을 일으킨 독일이나 오스트리아, 세르비아 쪽의 동맹군이나 영국과 프랑스, 러시아를 주축으로 하는 연합국 중 어느 쪽에도 참전하지 않고, 그저 전쟁을 통해 특수를 누리고 있었지. 그러다가 영국에 의해 해상이 봉쇄된 독일이 무제한 잠수함 작전을 전개하는 과정에서, 1915년 5월 7일에 미국과 영국을 오가는 정기 여객선 루시타니아 호를 침몰시키는 사건이 일어났어. 이 사건으로 무고한 미국 승객 128명이 죽음에 이르게 되자, 미국은 전격적으로 연합국에 참가하여 동맹군을 막다른 골목으로 밀어 넣었지. 미국의 힘을 얻은 덕분에 결국 제1차 세계 대전은 연합국의 승리로 끝났어.

전쟁을 승리로 이끈 미국은 1920년대에 이르러 경제적인 번영의 시대를 맞게 되었지. 부의 상징으로 자동차가 등장하여 돈이 있는 사람들은 너도 나도 자동차를 끌고 다녔어. 『위대한 개츠비』에서도 럭셔리한 자동차는 당시 부의 상징이자 미국의 발전하는 산업과 경제 호황을 대변하는 아이템이었단다. 한 통계에 의하면, 1922년에서 1929년 사이에 주식의 수익 증가율이 무려 108%에 달했다고 해. 이 시대에 미국을 대표하는 재벌 가문인 JP 모건과 록펠러가 거대한 부를 이루었어. 이러한 부와 풍요는 물질 만능 주의의 사회풍조를 불러왔고, 소위 '잃어버린 세대(Lost Generation)'

로 불리는 상실 세대를 낳았단다. 여기서 '잃어버린 세대'는 제1차 세계 대전 이후 모든 것을 잃어버렸기 때문에 선배 세대와는 능력으로 경쟁을 할 수 없고, 후대와는 생존을 경쟁할 수 없다며 모든 것에서 자괴감에 빠져 버린 세대를 말해. 이들은 제1차 세계 대전 이후 산업화된 미국 사회에 환멸을 느끼면서 쾌락적인 생활에 빠져 살았지. 이 말을 처음 사용한 사람은 미국의 여류작가 G. 스타인이지만, 어니스트 헤밍웨이가 그의 작품 『해는 또다시 떠오른다 : The Sun Also Rises』(1926)의 서문에서 G. 스타인의 말인 "여러분들은 모두 잃어버린 세대의 사람들입니다(You are all a lost generation)."를 인용해서 유명해졌단다.

F. 스콧 피츠제럴드

우리가 탐구할 소설 『위대한 개츠비』의 작가 피츠제럴드도 잃어버린 세대를 대변하는 작가 중의 한 명이야. 명문인 프린스턴 대학교에서 공부했으며 제1차 세계 대전에 참전한 적이 있는 그는 자조적이고 시대에 흥미를 잃어버려 매사에 삐딱한, 당대의 지식인 중 한 사람이었지. 피츠제럴드는 자신의 이러한 관점이 그대로 투영된 닉 캐러웨이라는 화자를 소설에 등장시켜, 그가 살펴본 옆집 남자 개츠비에 대한 이야기를 독자들에게 소개하고 있어.

피츠제럴드는 『위대한 개츠비』를 통해 잃어버린 세대의 일상생활과, '재즈 시대(Jazz Age)' 동안 연회에 젖어 사는 퇴폐적이고 환락적인 생활 모습을 사실적으로 잘 그려냈어. 재즈 시대는 또 무슨 말일까? 재즈 시대 역시 1920년대를 가리키는데, 재즈와 춤이 유행했고 부유층을 중심으로 매일같이 파티가 열리며, 금주법이 행해지고 있음에도 불구하고 몰래 술을 만들어 마셨던 때를 말한단다. 그렇다면 왜 술을 금지했었냐고? 미국은 유럽에서 건너와 엄격한 생활을 했던 청교도들이 건국한 국가이기 때문이란다. 청교도들은 제1차 세계 대전이 끝나자 수정 헌법 제18조를 통해 금주령을 내렸지. 하지만 일부 사람들은 이 금주령을 역이용해서 밀주를 만들어 팔면서 일약 백만장자가 되기도 했단다. 피츠제럴드는 재즈 시대에 대해 '그 시대는 기적의 시대, 예술의 시대, 과도의 시대, 풍자의 시대' 라고 말했지.

『위대한 개츠비』에는 그러한 사회의 비밀스러운 범죄 행위와 그를 통해 막대한 부를 획득한 개츠비가 주인공으로 등장해. 개츠비는 사랑하는 여성을 위해 그녀가 원하는 연회, 술, 음악, 화려한 저택과 부의 상징인 자동차까지 모든 것을 바치다가, 비극적으로 살해되는 과정이 적나라하게 표현되어 있단다.

『위대한 개츠비』의 줄거리

1920년대 미국 사회의 단면을 화려하게 펼쳐 보이는 『위대한 개츠비』에는 어떤 흥미로운 이야기들이 들어있을까?

『위대한 개츠비』에는 앞에서도 말했듯이 이야기를 해 주는 화자가 있어. 그가 바로 닉 캐러웨이지. 그는 미국 중서부에서 성장한 후 예일대에서 공부했으며, 제1차 세계 대전에도 참전했던 인물이야. 지성적이고 이성적인 사고를 가지고 있는 닉은 남을 배려할 줄 아는 따뜻한 마음도 가지고 있지.

그러한 그가 1922년 초여름에 웨스트 에그 지역으로 주식 채권 기술을 배우기 위해 이주하게 되었어. 닉의 이웃에 사는 어마어마한 부자가 바로 제이 개츠비였지. 다른 세계 사람인 줄 알았던 개츠비는 의외로 친근하게 닉에게 다가왔고, 닉과 개츠비는 곧 친구가 되었단다. 평범했던 닉은 화려한 삶을 사는 개츠비의 일상생활을 지켜보고, 때로는 초대를 받아 그와 함께 하며 있었던 일들을 독자들에게 이야기해 주는 화자 역할을 하고 있어. 개츠비의 집에서는 매일같이 화려한 불빛과 재즈 음악, 시끌벅적한 소란 속에 호화찬란한 파티가 열렸어. 그 많은 돈이 어디서 왔는지, 그가 어떻게 하여 부자가 되었는지 그 내막을 아는 사람은 아무도 없었지. 개츠비는 항상 자신의 집 건너편인 이스트 에그의 어느 집 선착장에서 반짝이는 초록색 불빛을 바라보며, 항상 무언가를 기다리고 있는 모습이었어.

한편 닉은 전통적인 부자들의 동네인 이스트 에그에 살고 있는 예일 대의 미식 축구 선수로 활약했던 뷰캐넌과, 그의 아내이자 자신의 친척 여동생인 데이지, 그리고 엄청난 부자인 골프 선수 조던 베이커와도 교류를 하면서 지내. 그런데 나중에 알고 보니 개츠비는 5년 전 제1차 세계 대전 때 군인으로 복무하던 중, 닉의 친척 여동생인 데이지와 만났다가 안타깝게 헤어진 적이 있었어. 개츠비는 데이지와의 재회만을 그리며, 상류층인 데이지와 다시 만나기 위해 부를 쌓아야겠다고 생각했던 거야. 그래서 그는 불법적인 조직과 손을 잡고 위험천만한 일을 통해 백만장자가 되어 매일 밤 화려한 파티로 온갖 사람들을 끌어 모았고, 그중에 혹시라도 데이지가 파티에 참석하게 되기를 기다리는 중이었던 거지. 사실 닉은 도덕적인 사람이기 때문에 이렇게 무모한 목적으로 진행된 호화스럽고 퇴폐적인 파티 자체를 경멸했어. 하지만 데이지를 열망하는 개츠비를 외면할 수 없어, 결국 데이지와 개츠비를 재회하도록 도와주었단다.

그렇게 개츠비와 데이지가 감격적인 밀회를 이어가던 어느 더운 여름날, 여름 휴가로 떠난 맨해튼의 호텔에서 톰은 자신의 아내 데이지를 향한 개츠비의 무조건적인 사랑을 알고 말았어. 그는 둘 사이를 갈라놓기 위해, 데이지에게 개츠비를 뒷조사해 봤더니 그가 주류 밀수업자였다고 폭로하지. 데이지는 매우 혼란스러워 해. 개츠비도 이에 질세라, 데이지에게 톰을 더 이상 사랑하지 않으며 자신과의 사랑을 이어가겠다는 것을 톰한테 고백하도록 회유했어. 그러자 톰은 웬일인지 개츠비와 데이지를 비웃으면서 둘이 같은 차를 타고 집으로 돌아가도 좋다고 허락을 했단다. 이게 바로 복선이야. 독자들은 그의 말에, 둘이 함께 차를 타고 가면서 어떤 사고가 일어날 것이라는 불안감을 갖게 되지.

하지만 둘은 그 운명을 모른 채 재즈 시대의 부의 상징이었던 자동차, 그것도 값을 따질 수 없을 정도로 비싼 노란색 롤스로이스를 몰고 갔어. 그런데 그때 톰과 불륜 관계이자, 자동차 수리점 주인인 조지 윌슨의 아내인 머틀은 남편과 크게 다투고 있었단다. 머틀은 윌슨을 피해 밖으로 달려 나오다가 그만 데이지가 몬 차에 치여 그 자리에서 죽고 말아. 데이지와 개츠비는 너무 당황한 나머지 교통사고를 당한 머틀을 돌보지도 않고 도망가 버렸지 뭐야. 그 뒤에 개츠비와 데이지가 탄 차를 쫓아오던 톰이 현장에 도착했는데, 개츠비의 차가 교통사고를 낸 것을 알고 속으로 고소해 했어. 하지만 그 피해자가 자신의 불륜녀인 머틀인 것을 알고 충격을 받았지. 그리고 이내 톰은 아내의 죽음에 눈이 뒤집힌 윌슨에게 아내를 죽인 사람이 바로 개츠비라는 것을 알려 주며 총까지 건네주었어. 윌슨을 이용해 개츠비에게 복수를 하려 한 거야.

이 사실을 모르는 개츠비는 집에 돌아와 풀장에서 우울함에 빠져 있었어. 데이지와의 사랑을 되돌릴 수 없다는 사실이 그를 마냥 서글프게 했지. 그런데 바로 그때, 몰래 집에 숨어들어온 윌슨이 쏜 총에 개츠비는 죽고 만단다. 개츠비를 죽인 윌슨도 스스로 목숨을 끊지.

개츠비의 장례식 날이 되었는데도 그 많던 연회에 참석했던 하객은 한 명도 찾아 볼 수가 없었어. 무책임한 데이지는 톰과 함께 여행을 떠나 버렸고, 개츠비의 동업자였던 메이어도 참석을 거절하지. 오직 개츠비의 아버지인 헨리 게츠비와 '부엉이의 눈'으로 불리는 어느 한 사람, 그리고 개츠비의 집사들만이 장례식에 참석했어. 개츠비의 장례식이 끝나고 그 모든 것에 환멸을 느낀 닉은, 퇴폐적이고 부도덕한 이스트 에그를 떠나 서부로 돌아갈 결심을 한단다.

『위대한 개츠비』의 명장면 들여다보기

『위대한 개츠비』를 읽은 많은 사람들이 깊은 감명을 받는 대사가 있어. 그것은 바로 닉 캐러웨이가 어린 시절에 자신의 아버지로

부터 받은 충고에서 인용된 말이야. 그의 아버지는 닉에게 이렇게 말했지. 남을 비판하고 싶을 때는, 이 세상 사람이 모두 너처럼 유리한 입장에 놓여있지 않다는 것을 명심하라고 말이야. 이 말은 소설을 떠나서 그 누구든 귀담아 들어두어야 하는 말이란다.

『위대한 개츠비』에서 개츠비의 꿈을 상징적으로 묘사하는 장면도 매우 유명하단다. 웨스트 에그에 이사온 개츠비가 강 건너에 있는 데이지의 집 선착장에서 반짝거리는 초록 불빛을 향해 팔을 뻗어 보는 장면이지. 그가 두 팔을 어두운 밤바다를 향해 뻗으며 몸을 부르르 떠는 장면은, 5년 전 데이지와의 사랑을 회상하면서 앞으로 전개될 개츠비의 꿈을 나타내는 명장면이란다.

그리고 닉이 개츠비의 미소에 대해 묘사하는 장면 또한 인상적이지. 닉은 개츠비의 미소에 대해 이렇게 묘사했어. 그는 사려 깊은 미소를 지었는데 그 미소는 영원히 변치 않을 것 같은 확신을 내비치는, 평생 가도 네다섯 번 밖에는 만날 수 없는 미소라고 말이야. 그의 미소는 잠시 동안 영원한 세계를 대면한 듯한 미소였고, 상대방에게 온 정신을 쏟겠다고 맹세하는 듯한 미소라는 거야. 상대방이 전달하고 싶어 하는 최대한의 호의적인 인상을 그가 분명히 받았다는 것을 알려주는 미소라고 말이지. 어때, 우리가 직접 눈앞에서 개츠비의 미소를 본 것만 같은 아주 세밀한 묘사지?

또 드디어 개츠비가 데이지를 만나 그의 거대한 저택을 두루 구경시키면서 자신의 침실로 안내하는 장면은 1920년대 부유한 집의 모습을 그대로 보는 것 같아. 5년 만에 재회하면서 포옹이나 키스가 아니라, 고작 옷장 안에 가득 찬 수많은 옷들을 보여주는 이 장면은 허망하기 그지없어. 하지만 이 모습은 불우한 남녀의 운명을 예시하는 것이기도 하단다. 테이블 위는 고급 플란넬 셔츠 등 온갖 화려한 색깔의 셔츠들로 넘쳐흐르지. 셔츠 하나 하나에는 개츠비의 이니셜이 수로 새겨져 있고, 데이지는 그 셔츠에 얼굴을 묻고 흐느껴 우는 장면이란다.

한편 『위대한 개츠비』에서 가장 안타까운 장면은 노란 롤스로이스를 심리가 매우 불안정한 데이지가 운전하며 가다가, 싸우던 남편을 피해 달려 나온 머틀을 차로 받아 버리는 장면이야. 그 순간 길바닥에 떨어진 것은 머틀의 몸이지만, 곧이어 개츠비의 꿈도 산산조각이 날 것이라는 것을 유추해 볼 수 있거든.

역사 안에서 본 『위대한 개츠비』

『위대한 개츠비』의 작가 피츠제럴드는 재즈 시대의 환락과 퇴폐 속에 사는 젊은이들을 어떻게 바라보았을까? 그의 시선이 곧 『위대한 개츠비』의 화자(話者), 닉의 눈이야.

닉은 정작 자신들은 물질만능주의에 젖어서 비도덕하게 살면서, 하류층 사람들이 불법적인 일을 저지르며 산다고 경멸하는 부유층 사람들에 대해 줄곧 비판적이었지. 그것이 곧 작가 피츠제럴드의 생각이었어. 소설에서도 상류층과 하류층은 공간적으로 나뉘어 있어. 소위 '하류 인생'으로 너무도 가난하고 불우했던 어린 시절을 보낸 후 자수성가해 신흥 부자가 된 개츠비가 살고 있는 지역은 웨스트 에그이지. 반대로 태어나기 이전부터 부유했던 전통적인 부자 집안들이 사는 지역, 데이지의 남편인 톰 뷰캐넌이 사는 지역은 이스트 에그야.

또 돈과 사랑 사이에서 갈팡질팡하는 데이지는 피츠제럴드가 한낱 월급쟁이여서 미래가 없다며 파혼을 통보하기도 했던 그의 아내 젤다를 닮았어. 그래서 이 소설을 피츠제럴드의 자전적 소설이라고 하는 것이란다.

처음 이 소설이 나온 것이 1925년이고 소설의 시작은 1922년이니, 『위대한 개츠비』는 주인공과 동시대에 살고 있던 작가가 작정하고 쓴 '시대의 초상'과 같은 작품이지. 하지만 『위대한 개츠비』가 세상에 나왔을 때는 아직 작품이 가진 가치를 알아보지 못해서 그런지 많이 읽히지 않았어. 피츠제럴드가 눈을 감을 때까지도 책의 판매량은 25,000부를 넘기지 못했지. 브로드웨이 연극이나 영화로도 만들어졌지만 사람들의 관심을 끌기에는 역부족이었어. 그런데 정작 1920년대에서 조금씩 시간이 흘러가면서, 사람들은 이 작품이 얼마나 그 시대를 정밀하게 묘사했는지에 대한 진가를 알게 되었어. 또 수많은 불나방들이 좇았던 '이상적인 미국의 꿈', 하지만 동시에 하루 아침에 '추락해 버린 미국의 꿈'을 사실적으로 묘사한 것에 대해 높은 평가를 받게 된 거야. 때문에 1945년과 1953년에 재출간된 이후 독자가 폭발적으로 늘어나기 시작했어. 고등학교 교육과정을 통해 탐구해 보는 명작이 되었을 뿐만 아니라, 전 세계 대학에서 영문학을 공부할 때 꼭 한번은 읽어보는 필수 작품이 되었지. 이제 『위대한 개츠비』는 '미국의 국보 같은 작품' 또는 '미국 문학의 영원한 기념비'라는 격찬을 받고 있어. 뿐만 아니라 자신의 꿈을 이룰 수 있다고 자신하며 꿈을 향해 끊임없이 나아가는 사람들을 일컫는, '개츠비 같은(Gatsbyesque)'이라는 말까지 생겨났단다.

그렇다면 피츠제럴드는 왜 개츠비에게 '위대한'이라는 수식어를 붙여 주었을까? 혹자는 작가가 잘못된 제목을 썼다고 비판하기도 해. 한 여자를 위해 돈을 흥청망청 쓰면서 각종 범죄 행위에 연루되어 있는 개츠비, 뿐만 아니라 데이지와 교통사고 범죄를 저지르고는 도망쳤다가 살해당하는 개츠비에게 '위대한'이라는 수식어는 말도 안 된다는 거야.

하지만 한편으로 또 다른 사람들은 닉이 개츠비에게 쏟아 붓는 찬사를 의미하는 것이라고 말하기도 해. 소설을 읽어 보면 닉이 개츠비를 향해 세상의 온갖 좋은 말들을 다하고 있거든. '평생 동안 네다섯 번 밖에 볼 수 없는 미소를 보여준 사람'이라든지, '지진계와 같이 예민한 감수성을 지닌 사람'이라고도 표현하는가 하면, '저들 모두를 합한 것보다 당신이 더 가치 있다' 라고도 말하기 때문이야.

그러나 『위대한 개츠비』를 여러 번 읽다 보면 그 제목이 개츠비를 비아냥거리거나 닉을 통한 평가가 아니라, 작가 자신이 그를 이상적으로 높이 평가해서 붙인 것이라는 것을 이해할 수 있어. 타락하고 환락에 젖어 살고 하류층을 깔보기만 하며 부모가 물려준 것이 당연한 듯 펑펑 써대는, 안전망 속에서 퇴폐한 문화를 즐기는 상류층에 비해, 오직 사랑하는 여인을 되찾겠다는 꿈을 위해 순수한 열정으로 달려온 개츠비가 더욱 가치 있다고 평가한 거야. 개츠비에게는 사랑하는 여성과 함께하는 삶이 그 무엇보다도 소중한 것이었지. 피츠제럴드에게는 그런 용기와 생명력 넘치는 개츠비의 영혼이 참으로 위대해 보였어. 그래서 그는 개츠비의 제목에 '위대한(The Great)'을 붙여 주는데 주저하지 않은 것이란다.

"그녀를 포기했더라면 난 위대해질 수 있었어.
하지만 그럴 수 없다는 걸 깨달았지."

– 영화 〈위대한 개츠비〉 중에서 –

¤ 제1차 세계 대전(1914~1918)

1914년 6월에 일어난 사라예보 사건을 계기로, 오스트리아─헝가리제국이 세르비아에 선전포고를 했다. 이에 범게르만주의를 내세우는 국가들은 동맹국으로, 범슬라브주의를 내세운 국가들은 연합국 진영이 되어 제1차 세계 대전이 일어났다. 제1차 세계 대전은 장기전이며, 후방의 여성들과 민간인들까지 전쟁에 참여한 총력전이었고, "삽으로 전쟁한다"는 말이 나올 정도로 긴 참호를 파서 전쟁한 참호전이었다. 제1차 세계 대전 종반에 미국이 연합국 측으로 참전하여 전쟁은 연합국 측의 승리로 끝났다.

전후 평화와 세계 질서를 위해 미국을 비롯한 승전국들이 세계를 주도해 나가는 베르사유 체제가 성립했다. 이어 동유럽 국가들이 독립하였으며 각국에서는 보통선거가 확대되고, 여성의 참정권이 인정되었다. 패전국 독일은 베르사유 조약에 의해 막대한 배상금을 물고 군비 축소를 당해야 했다. 반면 미국에서는 전쟁 이후 산업발전과 경제 호황이 계속되면서 사회가 매우 풍족해졌다.

¤ 무제한 잠수함 작전(1917)

무제한 잠수함 작전은 제1차 세계 대전이 장기화되자 독일이 연합국의 중심 역할을 수행하고 있는 영국을 무력화시키기 위해 고안한 작전이다. 독일은 영국의 강한 해군 때문에 바다 위에서의 싸움에서는 승산을 노릴 수 없자, 잠수함을 이용하여 영국과 프랑스 주변 해안을 봉쇄했다. 그 해역을 통과하는 선박은 민간 선박이든 중립국 선박이든 가리지 않고 잠수함으로 무차별 공격하는 무제한 잠수함 작전을 시행하였다. 이 작전으로 식료품의 대부분을 해외에서 수입하던 영국에게는 직격탄을 날릴 수 있었지만, 1915년 5월7일에 독일의 어뢰가 미국인 100여명이 타고 있는 정기 여객선 루시타니아 호를 침몰시킴으로써 미국의 참전을 불러왔다. 결국 독일은 제1차 세계 대전에서 패망하게 되었다.

¤ JP 모건과 록펠러

JP 모건은 미국의 금융가, 사업가, 수집가였던 존 피어폰 모건(John Pierpont Morgan, 1837~1913)을 말한다. 남북 전쟁 당시에 그가 동업자와 함께 총 한 정을 3.5달러에 사들여, 북군에게 22달러에 팔아 치우며 막대한 부를 쌓은 것은 유명한 일화이다. 1895년부터 회사 이름을 J.P.모건회사라고 지은 그는 철도 회사와 전신 회사를 통해 부를 키워나갔다.

존 데이비슨 록펠러(John Davison Rockefeller, 1839~1937)는 미국을 대표하는 재벌이자 사업가이다. 석유 개발 바람을 타고 1870년에 스탠더드 오일 회사를 창립하여, 석유 사업을 통해 셀 수 없을 정도의 돈을 벌어 들여 세계에서 첫 손가락으로 꼽는 갑부가 되었다. 그 돈으로 말년에 록펠러 재단을 설립하여 시카고 대학교를 비롯한 학교, 교회, 병원, 의학 연구소 등의 문화 사업에 기부하였다.

안네 프랑크
『안네 프랑크의 일기』
(1947)

제2차 세계 대전의 유대인 대학살 과정을
어린 소녀의 눈으로 기록한 일기

[독서로 탐구하는 역사] 제2차 세계 대전

　『안네 프랑크의 일기(The Diary of a Young Girl Anne Frank)』는 14 살의 유대인 소녀 안네(Anne Marie Frank, 1929~1945)가 제2차 세계 대전 동안, 독일의 나치스가 점령하고 있던 네덜란드 암스테르담에서 몰래 숨어 살면서 쓴 일기야. 나치스의 유대인 학살로 가족이 모두 붙잡혀 가 죽음을 당했어. 유일하게 생존해 돌아온 안네의 아버지 오토 프랑크가 히틀러가 저지른 유대인 학살의 참상을 전달하기 위해 1947년에 책으로 출간했지. 안네의 일기를 잘 이해하기 위해서는 먼저 제2차 세계 대전이 어떤 전쟁인지를 알아야 해.

1939년에 일어나 1945년까지, 장장 6년 동안이나 세계를 전쟁의 공포에 몰아넣었던 제2차 세계 대전은 인류에게 깊은 상처를 안겨 주었어. 대량 살상 무기인 원자폭탄이 세상에 처음 모습을 드러내게 되었고, 또 독일의 나치스에 의해 '홀로코스트(Holocaust)'라는 대량학살이 일어났기 때문이야. 원래 홀로코스트라는 말은 그리스어로 '신에게 동물을 불로 태워서 제물을 바치는 것'을 의미하는 용어였어. 그러다가 1960년대부터 학자들이 제2차 세계 대전 중에 나치스에 의해 일어난 유대인 대량 학살을 '홀로코스트'란 용어로 부르기 시작했지.

　　그렇다면 나치스가 홀로코스트를 저지르게 된 동기는 무엇일까? 홀로코스트를 구상하고 기획한 장본인은 바로 독일 나치당의 당수이자 총통인 아돌프 히틀러야. 히틀러는 세계에서 가장 우수한 인종인 게르만 족이 다른 민족을 지배할 사명이 있다는 '게르만족 우월주의'에 사로잡혀 유대인, 집시, 장애인 등에 대한 인종 청소를 시작했지. 제2차 세계 대전 중 학살된 유대인만 600만 명에 달했다고 해. 이 사람들의 수는 당시 유럽에 거주하고 있던 유대인 9백만 명 중 삼분의 이에 해당하는 엄청난 숫자야. 어린이만 해도 자그마치 1백만 명이 죽

1923년에 제작된
히틀러의 초상화

임을 당했단다. 정말 끔찍하고도 참혹한 사건이지.

이 책의 주인공이자 역시 유대인인 안네가 태어난 곳은 독일의 프랑크푸르트야. 당시 독일에서는 1933년에 나치당이 정권을 잡으면서 유대인에 대한 차별이 시작되었어. 유대인들은 교육, 거주지, 교통 이용에서 자유를 박탈당했지. 이러한 조치에 항의하여 1938년에 17살의 유대인 소년 헤어쉘 그린츠판이 파리 주재 독일 대사관의 3등 서기관 에른스트 폼 라트를 살해했어. 그러자 이에 대한 앙갚음으로 유대인들에 대한 독일인들의 집단 테러가 일어나기 시작했단다.

안네 아버지인 오토 프랑크는 제1차 세계 대전 때 독일군으로 참전하여 열심히 독일을 위해 싸우고 돌아왔지만, 그도 유대인이었기 때문에 어떤 일을 당할지 알 수 없었지. 그때 안네의 삼촌들은 유대인 탄압을 피해 미국으로 이민을 간 상태였어. 오토 프랑크도 고민 끝에 네덜란드 암스테르담으로 거처를 옮겼단다. 안네가 6살 때 일이야. 암스테르담에서 안네는 아빠, 엄마, 언니 마르고트와 함께 행복하고 평화로운 나날을 보냈어. 그런데 1939년 9월, 폴란드 침공으로 제2차 세계 대전을 일으킨 독일이 1940년에 네덜란드를 점령하고는 네덜란드에 살던 유대인을 색출하는 작업에 돌입했지 뭐야. 오토 프랑크는 가족을 위험에서 구하기 위해 미국으로 망명을 떠나려고 했으나, 이미 네덜란드 미국 대사관은 폐쇄된 다음이었지. 오토 프랑크는 시시각각 다가오는 나치스의 유대인 탄압이 심상치 않다는 것을 직감하고 있었어.

그럼 여기서 홀로코스트를 저지른 독일의 행태를 한번 살펴볼까? 내용을 읽으면 너무도 잔혹하고 처참해서 입이 다물어지지 않을 거야. 유대인 학살은 아우슈비츠를 비롯한 집단 강제 수용소에서 잔인한 방법으로 행해졌어. 매일같이 열차를 통해 유럽 각 지역에서 유대인을 색출하여 실어 나르고, 집단 강제 수용소에 도착하면 이들에 대한 건강검진이 시작되었지. 청진기를 대고 하는 검진이 아니야. 그냥 쭈욱 걸어 들어가는 것이지. 두 명의

당시 죄수 건물로 쓰인 지멘스 공장

SS(Schutzstaffel, 나치 친위대) 의사가 앉아서 그들 중 튼튼하여 강제 노역을 시킬 수 있는 사람들은 살리고, 어린이나 몸이 약해 보이는 사람, 노약자 등은 가스실로 보냈어. 가스실에 넣는 은어는 '입욕' 이었단다. 마치 목욕을 하러 들어가는 것 같이 위장하여, 방역한다는 구실로 발가벗긴 후 비누를 쥐어주었지. 심지어 샤워를 빨리 끝내고 나와서 커피를 먹자는 식으로 혹시라도 있을지 모를 유대인들의 저항을 미연에 방지했어. 그러나 가스실로 한 번 들어가면 그뿐이야. 독가스가 발사되면 살아나올 수가 없었으니까. 이런 식으로 죽음을 당한 사람 중 여자의 머리카락은 시신이 태워지기 전에 남김없이 잘리고, 치아에 해 넣었던 금니도 제거하였지. 전쟁 말기에는 이들의 시신을 태울 때 나온 사람의 기름으로 비누를 만들기도 했거니와, 사람의 금발로 군인들에게 배포하는 모포를 짜기도 하였단다. 정말 글로 표현하는 것조차도 끔찍한 사실들이야. 또 설사 살아남았다 하더라도 끔찍한 생체 실험으로 희생되는 일이 비일비재했지.

안네의 아버지 오토 프랑크는 게슈타포(Gestapo, 나치 독일 비밀 국가 경찰)에 잡혀가면 어떤 운명이 닥칠지 잘 알고 있었어. 그래서 비밀장소를 만들어 그 곳에 가족을 숨기기로 했지. 오토는 공장 사무실이 있는 건물의 창고를 책장으로 막고 그 뒤편에 비밀공간을 마련했단다. 안네 가족 4명과 또 다른 가족 4명 등 총 8명이 이곳에 숨어서 게슈타포에게 들켜 붙잡혀 가기까지 2년 동안이나 생활했어. 생필품 공급은 오토의 공장에서 일하던 3명의 사무직원이 담당해 준 덕분에, 근근이 생명을 이어갈 수 있었단다.

「안네 프랑크의 일기」의 줄거리

그렇다면 안네는 일기에 어떤 내용을 썼을까?

안네가 일기를 처음 쓰기 시작한 건 1942년 6월 12일, 안네의 생일 날, 아빠에게 빨간색 가죽으로 장식된 멋진 일기장을 선물로 받았을 때부터야. 안네는 그 일기장에 '키티'라는 이름을 붙이고 일기를 써 나가기 시작한단다.

일기의 첫 구절은 마음이 콩닥콩닥 뛰는 듯한 사춘기 소녀의 마음 그 자체야. 안네는 일기장에 자신의 마음을 이렇게 털어 놓았어. 그 누구에게도 말하지 못했던 비밀을 키티에게 모두 털어 놓겠다고 말이야. 그리고 키티에게 부탁했어. 부디 안네의 마음에 힘을 주는 편안한 친구가 되어 달라고 말이지. 또 안네는 키티에게 고백해. 자신에게 관심을 가진 남자 친구들도 있고 같이 노는 친구들도 30여 명이 되지만, 마음의 비밀을 털어 놓을 만한 친구는 없기 때문에 키티에게 모든 비밀을 말하겠다고 말이야.

그로부터 얼마 있지 않아서 안네는 부모님이 몇 달 동안 생필품을 실어 나르며 준비해 온 은신처에서 숨어 살아야 한다는 것을 알게 돼. 안네는 비가 주룩 주룩 내리던 날 새벽, 겨우 옷가지만을 챙겨 나와서 은신처에 몸을 숨겼어. 소리가 밖으로 나가지 않아야 해서 기침조차 제대로 할 수 없었고, 목욕하는 것도 큰 통에 물을 받아서 해야 하는 불편한 생활이 이어지지. 안네의 가족은 엄마, 아빠, 언니, 그리고 안네였는데, 곧이어 아버지의 친구인 판단씨 가족과 치과 의사인 알베르트 뒤셀씨도 함께 와서 살게 되었어. 안네 가족보다 늦게 도착한 판단씨는 건물 밖의 소식을 알려 주었는데, 소환장이 발부되어 수많은 유대인들이 강제 수용소로 끌려가고 있다는 암울한 이야기였지. 안네는 유대인들을 잡아가는 히틀러와 독일군이 너무나 원망스러웠어.

한편 은신처에서 생활하면 할수록 가족 간의 갈등도 심해졌단다. 자그마치 8명이 좁은 곳에 갇혀 하루하루를 불안에 떨며 보내야 했으니 그럴 만도 하겠지? 안네는 절망했어. 왜 사람들은 사이 좋게 지내지 못하고 전쟁을 하는 건지, 또 돈을 대형 폭탄을 만드는 것 등에 쏟아 부으면서 파괴를 일삼는 건지에 대해 말이야. 그리고 전쟁을 막아 내려면 일부 정치가나 군인, 위대한 인물이 아니라, 일반 시민들이 들고 일어나 혁명을 일으켜야 한다는 생각을 하기도 했어.

이런 가운데 1944년 6월 6일, 이 날은 연합군에 의한 노르망디 상륙 작전이 있었던 날이야. 안네 가족은 라디오 방송에서 연합군이 독일군과의 전쟁에서 곧 승리할 것이라는 소식을 들었단다. 그들은 서로 얼싸 안으며 곧 자유를 되찾게 될 것이라는 희망을 가졌지. 그러나 자유의 시간은 오지 않았어. 안네의 일기는 1944년 8월 1일, 안네와 가족들이 게슈타포가 출입구를 찾기 위해 건물을 뒤지는 소리를 들으며 공포에 떠는 것으로 끝이 나거든. 그로부터 3일 후인 1944년 8월 4일, 안네 가족은 마침내 발각되어 강제 수용소로 끌려가고 말았단다.

『안네 프랑크의 일기』의 명장면 들여다보기

안네의 일기는 어린 소녀가 쓴 것이지만 어떤 부분에서는 풍부한 감수성을 느낄 수 있고, 또 어떤 부분에서는 비판력과 논리력을 엿볼 수 있어. 그건 안네가 책을 좋아하고 글 쓰는 것을 즐겼기 때문이야.

일기를 통해 안네가 은신처에 들어가게 되는 과정을 잘 알 수 있어. 안네의 부모는 벌써 몇 달 전부터 이곳에 가재도구와 생활 필수품을 몰래 가져다 쌓아 두고 있었지. 그런데 나치의 소환장이 날아오는 바람에, 은신처에 들어가는 날짜를 열흘 가량 앞당기게 되었단다.

안네는 하늘을 사랑하는 소녀였어. 하늘을 바라보면 마음의 평온을 느낄 수 있다고 했지. 하지만 은신처에 들어간 다음부터는 먼지 낀 창문에 달린 더러운 레이스 커튼을 아주 잠깐 열고 하늘을 바라보아야만 했어. 안네는 도저히 그것으로 만족할 수 없다며 키티에게 구구절절 털어 놓았지. 안네는 자연이야말로 이 세상에 오직 하나 남은 순수한 아름다움이라고 말했단다.

안네는 일기장에서 인류가 일으키는 전쟁에 대해 맹렬히 비판을 하고 있어. 명쾌한 해석과 논리적인 문장으로 말이야. 안네를 비롯한 은신처의 가족들은 가끔 절망적으로 이렇게 말하곤 했대. 도대체 전쟁은 왜 있는 것일까, 하고 말이야. 왜 인간들은 서로 사이좋게 지낼 수 없고 계속 파괴해 나가는 것인지 의문을 가지는 거야. 하지만 가족들 중 그 누구도 속 시원한 답을 말하지 못했어.

안네는 되묻지. 도대체 왜 인간은 한 쪽에서는 더욱더 큰 비행기와 대형 폭탄을 만들면서, 또 다른 쪽에서는 부흥을 위해 조립식 주택을 건설하는 것일까 하고 말이야. 또 매일 몇 백만이라는 거금을 전쟁을 위해 쓰면서, 의료 시설이나 예술가, 혹은 가난한 사람들을 위해 사용할 돈은 없다고 하는 이유가 무엇인지에 대해서도 의문을 갖지. 또 세계의 어느 곳에서는 먹을 것이 남아돌아 썩는다고 하는데, 또 어느 곳에서는 사람들이 굶어 죽어가니 인간은 왜 이렇게 어리석은지 한탄하기도 해. 안네는 이런 결론에 도달했어. 전쟁의 책임이 위대한 사람들과 정치가, 자본가에게만 있는 것이 아니라고 말이야. 전쟁의 책임은 일반 시민들에게 있으며, 정말 전쟁이 싫다면 너도나도 들고 일어나 혁명을 일으켰어야 했다고 소녀답지 않은 아주 야무진 결론을 내렸지.

1944년 5월 11일, 게슈타포에게 붙잡혀 가기 석 달 전의 일기에서 안네는 자신의 꿈을 키티에게 털어 놓는단다. 안네의 꿈은 저널리스트가 되는 거라고 말이야. 때문에 안네는 은신처에서도 꿈을 위해 끊임없이 책을 읽었어. 이 날만 하더라도 『갈릴레오 갈릴레이』를 모두 읽겠다는 계획과, 샤를 5세를 읽고 그의 가계도를 완성하기로 되어 있었으며, 테세우스, 오이디푸스, 오르페우스, 헤라클레스 등의 신화 속 영웅들의 이야기를 정리하는 등 할 일이 매우 많았어. 안네는 저널리스트라는 꿈을 이루면, 그 다음은 작가가 되어서 '은신처'라는 제목의 책을 출간하고 싶다고 했지. 그 때 비밀 일기장인 키티가 많은 도움을 줄 것이라는 부푼 기대를 가지기도 했단다. 하지만 안타깝게도 안네는 강제 수용소에서 죽었기 때문에 그 꿈은 허무하게 무너지고 말았지. 다만, 안네의 일기만이 전쟁이 끝난 후 아버지에 의해 세상 속으로 나오게 되었어.

안네의 일기의 클라이맥스는 바로 은신처가 탄로 나서 불안에 떨 때의 일이야. 이 일기를 쓰고 3일 후, 결국 출입구가 발각되어 안네 가족은 아우슈비츠 수용소로 끌려가고 말지. 은신처의 출입구를 찾으려는 게슈타포들의 발걸음 소리를 들으며 안네와 다른 8명의 가족들이 와들와들 떠는 긴박한 상황이 그대로 묘사되어 있단다. 글을 읽는 우리도 가슴이 떨리는데, 당시 안네 가족과 일행들은 얼마나 마음을 졸였을까? 고작 14살 소녀가 느꼈을 곧 다가올 죽음의 공포가 생생하게 담겨 있어 독자들의 가슴을 아프게 한단다.

역사 안에서 본 「안네 프랑크의 일기」

은신처에서 살던 8명 중에 유일하게 살아남은 사람은 안네의 아버지인 오토 프랑크였어. 다른 사람들 중 판단씨는 가스실로 끌려가 죽음을 당했고, 판단씨 부인은 안네 가족과 함께 베르겐 벨젠 수용소에 수용되었다가 죽음을 당하지. 판단씨 부부의 아들이자 안네의 남자 친구였던 페터도 어느 수용소로 끌려가 생사를 알

학살에 사용된 가스의 고형이 담겨있던 빈 캔들과
아우슈비츠 박물관에 전시된 희생자들의 머리카락

수 없게 되었어. 안네의 어머니는 수용소에서 정신이상을 앓다가
숨을 거두고, 안네가 의지하고 지냈던 언니 마르고트는 장티푸스
에 걸려 죽고 말았지. 안네도 제2차 세계 대전이 끝나기 5달 전인
1945년 3월에 영양실조와 장티푸스에 걸려 16세의 나이로 짧은 생
을 마치고 말았단다.

가족 중에서 혼자 살아 돌아온 오토 프랑크의 그 허탈하고도 참
담한 마음은 설명하지 않아도 느껴지지? 절망에 빠진 그에게 은
신처에 생필품을 공급해 주던 사무실 직원인 미프 기스가 몰래 숨
겨 보존한 안네의 일기를 건네주었어. 작가를 꿈꾸었던 안네의 단
편 소설 등 습작도 함께 말이야. 오토 프랑크는 그 일기 중 사춘기

인 안네가 민감하게 적어 놓은 성에 대한 내용과 안네 엄마와의 갈등 등의 내용을 제외하고, 나머지는 있는 그대로 묶어서 1947년에 책으로 내놓았지. 처음 출간했을 때의 제목은 그냥 『일기(Het Achterhuis, 네덜란드어로 '일기'란 뜻)』였는데, 우리나라에서 번역해 나올 때 제목이 『안네 프랑크의 일기』가 되었지.

가슴 철렁한 일화도 있어. 미프 기스는 안네가 살아 돌아오면 일기를 돌려주려고 소중히 간직하고 있었어. 그리고 일기이기 때문에 안네의 개인정보를 중요시하여 그 내용을 전혀 읽어 보지 않았다고 해. 1947년에 안네의 일기를 출간한 오토 프랑크는 책을 미프 기스에게 보여 주었어. 그녀는 내용을 읽고 깜짝 놀랐단다. 왜냐하면 안네의 일기 속에 자신들이 안네 가족을 도운 내용이 나와 있기 때문이었어. 만약 자신이 일기를 읽었다면, 유대인을 도운 사실이 발각될 것을 염려하여 일기 자체를 없앴을 것이라고 말했단다. 이후 그녀는 목숨을 걸고 안네의 가족을 도운 공이 인정되어 이스라엘 정부로부터 '열방의 의인'으로 표창을 받기도 했고, 1997년에는 네덜란드의 베아트릭스 여왕에게서 작위를 받기도 했단다.

반면에 분노할 수밖에 없는 사실도 있어. 홀로코스트를 부인하는 사람들이 안네의 일기는 허구이며, 안네의 아버지인 오토 프랑크가 날조한 것이라는 주장을 한 거야. 그들의 주장에 맞서 오토 프랑크를 지지하는 사람들은 안네 가족을 체포한 사람을 찾아내어 그들의 눈앞에 보여 주기도 했지. 그럼에도 불구하고 그들은 네오나치주의자들을 중심으로 1970년대까지 줄기차게 안네의 일기가 허구라는 주장을 계속했어. 결국 재판까지 가게 되자 오토 프랑크가 역사가에게 의뢰하여 일기가 원본이라는 것을 밝혀냈지. 하지만 재판 과정에서 독일 내무성 소속 범죄조사국(Bundes kriminalamt; BKA)이 일기를 쓸 때 사용한 잉크는 제2차 세계 대전 중에 사용된 것이지만, 나중에 적어 놓은 정정사항들은 흑, 녹, 청 볼펜으로 기록한 것이라고 발표하여 파란이 일어났어. 왜냐하면 볼펜은 1950년대에 처음 생산되었기 때문이야. 그러자 봇물 터지듯이 안네의 일기가 날조된 것이라는 주장이 팽배해졌어. 결국 1986년에 안네의 일기 원본을 오토 프랑크에게서 기증받아, 네덜란드의 전시자료 연구소의 과학적인 정밀조사를 받기에 이르렀어. 그 결과, 일기에 사용된 종이 자체가 제2차 세계 대전 때 것이며, 단지 2장 정도가 훗날 일기 조사를 했던 사람들이 적은 부분이라는 것이 밝혀져 안네의 일기에 대한 진위 논쟁은 끝이 났단다.

『안네 프랑크의 일기』는 출간 이후 오늘날까지도 독자들의 가슴을 촉촉이 적시는 명작이 되었지. 안네가 몸을 숨겼던 암스테르담의 프린선흐라흐트(Prinsengracht) 263번지의 은신처에는 안네 프랑크 기념관이 세워졌어. 전 세계의 수많은 사람들이 전쟁이 인간을 얼마나 비참하게 만들 수 있는 지를 직접 보고 느끼기 위해 이곳을 찾고 있단다.

¤ 아돌프 히틀러(Adolf Hitler, 1889~1945)

오스트리아 출신의 아돌프 히틀러는 독일의 나치당(국가 사회주의 독일 노동자당)을 이끌며 제2차 세계 대전을 일으킨 장본인이다. 그는 1914년 제1차 세계 대전이 일어나자 독일군으로 자원입대할 만큼, 열렬한 독일 민족주의자이자 게르만 우월주의에 사로잡혀있던 반 유대주의자였다. 대중 연설과 선동에 뛰어난 그는 1921년에 나치당 총서기가 되어 당을 제1당으로 끌어올렸다. 1929년에 미국에서 일어난 경제공황의 여파로 독일의 경제가 파산 직전에 이르자, 제1차 세계 대전 패전국으로서 맺은 베르사유 조약 파기를 선언하면서 재무장에 나섰다. 그는 통제 경제 하에서 군수 사업을 일으키고, 실업자를 고용하는 여러 정책에 성공하여 단시간 내에 실업자를 엄청나게 감소시켰다. 국민의 열렬한 지지 속에 나치 일당 독재를 확립하면서 제3제국을 선포하고 총통에 취임하였다. 1939년 9월1일, 폴란드를 침공함으로써 제2차 세계 대전을 일으켰다. 전쟁 동안 그의 명령으로 행해진 홀로코스트는 전 세계에 나치 저항운동을 불러일으켰다.

¤ 아우슈비츠 강제 수용소

아우슈비츠 강제 수용소는 폴란드의 오시비엥침에 유대인의 강제 노동과 학살을 위해 지어진 수용소이다. 오시비엥침의 독일어 명이 아우슈비츠이기 때문에 보통 아우슈비츠 강제 수용소라고 불린다. 원래 이곳은 폴란드 군의 병영이 있던 곳이었다. 폴란드 수도 바르샤바에서 약 300km 떨어진 곳에 위치하였으며, 나치가 세운 강제 수용소 중 최대 규모였다. 이곳에는 유대인 외에 소련군 포로, 정신장애자, 동성애자, 나치에 반대하는 자들이 함께 수용되었는데, 제2차 세계 대전 중 이곳에서 백만 명 이상이 학살된 것으로 추정된다. 이 숫자는 유럽 전체 유대인의 약 80%에 해당하는 어마어마한 숫자이다. 1945년 1월 27일에 남은 수용자들이 풀려났고, 그 후 나치의 범죄 행위를 전 세계에 알리는 전시관으로 활용되고 있다. 1979년에 유네스코에 의해 세계유산으로 지정되었다.

조지 오웰
『동물농장』
(1945)

제2차 세계 대전 이후 스탈린의 독재정치를 비판한 의인 소설

[독서로 탐구하는 역사] 소련 전체주의 시대

　영국의 작가인 조지 오웰(George Orwell, 1903~1950)이 쓴 『동물농장(Animal Farm)』은 참 흥미로운 소설이야. 학교 국어 시간에 '풍자와 비유'를 배운 적이 있지? 그 공식대로 동물들을 현대의 역사적 인물에 비유하여, 독재가 스탈린이 다스리는 소련 전체주의를 비판한 소설이 『동물농장』이란다. 하지만 역사 공부를 하지 않은 사람들은 그 내용을 이해하기 어려워. 왜 반란을 일으키는 리더의 이름이 나폴레옹인지를 알 수 있어야 하고, 같은 리더이며 이론가인 돼지 스노우벨이 제거된 이유는 무엇이고 또 누구를 상징하는 것인지를 알고 있어야 하지. 작가인 조지 오웰이 왜 이런 소설을 쓰게 되었는지 그의 인생관도 함께 살펴 볼 수 있어야 해.

그런데 이 동물농장에서 일어나는 일들을 잘 이해하기 위해서는, 먼저 러시아 혁명사와 소련의 역사를 알고 있어야 해. 러시아는 거대 제국이었지만 유럽 중 가장 발전이 늦었고, 부패하고 무능한 로마노프 왕가 통치 하에서 중세 시대의 농노가 고통을 받고 있는 국가였어. 『동물농장』에서 인간인 주인 존슨씨는 알코올 중독자로 그려지는데, 그가 바로 로마노프 왕조의 무능한 황제 니콜라이 2세를 상징하지. 『동물농장』에서 그는 술에 취해 비틀비틀 걸어가면서 닭장의 쪽문은 닫았지만, 다른 동물들이 있는 쪽문을 닫는 것을 잊어버려. 이어서 들고 있는 등불이 크게 흔들거리는 장면이 나와. 이 장면은 바로 무능한 니콜라이 2세의 통치 하에서 러시아가 위태롭고 혼란한 상황을 상징하는 것이란다.

1905년 1월 눈이 하얗게 내린 날, 니콜라이 황제의 겨울 궁전 앞에서 어린이의 손을 잡고 평화롭게 시위하는 군중에게 황제가 무차별하게 발포를 한 '피의 일요일 사건'이 일어났어. 이는 러시아 혁명의 신호탄이 되었지. 『동물농장』에서 동물들이 '영국의 동물들'이라는 노래를 합창하는 소리에 놀란 존슨씨가 여우가 침입했다고 생각해 마구 총을 쏘는 장면은 '피의 일요일 사건'을 상징하는 거야.

이후 러시아는 러일전쟁(1904~1905)에 참패하여 큰 재정적 부담을 지게 되었고, 결국 제1차 세계 대전 중인 1917년에 2월 혁명이 일어나 로마노프 왕가가 쫓겨나고 임시정부가 세워졌어. 그러다가 파리 망명에서 돌아온 혁명가 레닌의 지도에 따라 10월 혁명이 일어나, 러시아는 사회주의 국가가 되지. 『동물농장』에서 존슨씨를 큰 실의에 빠트리는 '큰 소송'은 러일전쟁을 상징하는 것이고, 동물들이 마침내 반란을 일으키게 되는 것은 니콜라이 2세를 내쫓은 2월 혁명을 말하는 거란다.

다소 어려워 보일 수도 있겠지만, 그 관계들을 알고 나면 정말 재미있게 읽을 수 있는 소설이란다. 그럼 등장하는 동물들의 관계와 성격들을 알아볼까?

우선 인간을 내쫓고 동물농장을 이끄는 수퇘지의 이름은 나폴레옹이야. 왜냐하면 독재가를 상징하는 대표적 인물이 바로 보나파르트 나폴레옹이기 때문이지. 그는 쿠데타를 통해 종신 통령에 앉은 것에도 만족하지 못하여 스스로 나폴레옹 1세로 군림했어. 그래서 정치 용어에 '보나파르티즘(Bonapartisme)'이라는 용어까지 등장했단다. 보나파르티즘은 대중의 인기를 등에 업고 애국을 부르짖으면서 군사 독재 정치를 하는 것을 말하는 거야. 그런데 소련의 서기장인 스탈린이 꼭 그런 모습이었거든. 그래서 동물농장의 반란을 주도하고 반대자를 숙청해 나가는 주인공 돼지의 이름을 '나폴레옹'이라고 지은 것이지.

『동물농장』에서 반란을 일으켜야 한다고 동물들을 설득하는 메이저라는 늙은 돼지는 앞서 등장한 레닌을 상징하는 것이야. 혹자는 노동자의 단결을 촉구하며 공산당 선언을 발표했던 사회주의 이론가 칼 마르크스를 상징하는 것이라고 주장하기도 하지.

레닌은 후계자 중에서 날카로운 이론가인 트로츠키를 가장 유능한 지도자로 평가했어. 그리고 스탈린에 대해서는 서기장이 되었을 때 권력을 남용할 수 있다는 점에 대해 깊은 우려를 나타냈어. 그리고 역시나, 레닌이 죽고 나서 트로츠키는 권력을 쥔 스탈린에 의해 당에서 쫓겨나 불우한 죽음을 맞이하지. 『동물농장』에서 반

레닌과 스탈린(1919)

란을 일으켰던 수퇘지 이론가 스노우벨을 제거하는 나폴레옹은 바로 트로츠키를 제거한 스탈린의 모습을 상징한 것이란다.

소련에는 KGB(Committee for State Security)라는 비밀경찰이 있어서, 스탈린에게 반대하는 사람들을 샅샅이 색출하여 처형대에 보내거나 시베리아로 유형을 보냈어. 『동물농장』의 개는 이 KGB를 상징해. 반면 우매한 양은 스탈린을 무조건적으로 따라가는 민중을 나타내는 것이란다. 스탈린에게 충성을 바치다가 이용가치가 떨어지면 제거되는 모습을 상징한 것은 말인 복서야. 부지런하게 동물농장을 위해 몸 바쳤던 복서가 도살장으로 팔려나가는 장면은, 지도층을 믿고 따랐던 민중을 배반하는 지도층을 상징하지. 복서의 동료 말로 아름다운 암말 클로버가 나오는데, 클로버는 동물농장에서 꼭 외워 두어야 하는 일곱 계명을 자꾸 까먹는 역할로 나와. 이 클로버는 무기력한 중산층을 상징하는 것이란다. 각설탕이 먹고 싶어 옆 농장에서 몰래 일하는 흰말 몰리는 부르주아를 표현한 거야. 또 글을 읽을 줄 아는 염소 뮤리엘은 지식층을 나타내는데, 소설 끝에 그가 죽는 장면은 지식층의 소멸을 이야기한단다. 그리고 항상 냉소적인 당나귀 벤자민은 현실을 도피하는 지식인들을 상징하는 거야. 다른 시각에서는 작가인 조지 오웰의 모습을 나타내는 것이기도 하지.

조지 오웰

조지 오웰은 뮤리엘과 같은 영국의 지식층이라고 할 수 있어. 아버지의 부임지인 인도의 벵골령에서 태어나 영국의 명문인 이튼 컬리지에서 공부했거든. 그는 식민지 경찰 시험에 합격하여 버마와 미얀마에서 근무하다가, 제국주의의 앞잡이가 되는 것에 환멸을 느끼고 스스로 사회 밑바닥 층이 되어 살았어. 노숙자가 되어 런던과 파리를 방황하며 온갖 힘든 일을 통해 인생 경험을 얻었지. 이런 경험담을 통해 그는 사회를 심층적으로 해부하고 사회문제를 고발하는 글들을 계속 발표했어. 양심 있는 지식인이었던 조지 오웰은 영국 독립 노동당(ILP)의 당원이 되어 좌파가 되었어. 권력집단이나 국가의 실체를 부정하는 아나키스트였던 그는 실천적 행동을 위해 스페인 내전에 참여했다가 목에 총상을 입는 위기를 겪기도 했지. 그는 잘못된 사회주의 체제로 나가는 소련의 모습을 그냥 보고만 있을 수 없었어. 그래서 스탈린의 전체주의를 전면에서 비판한 풍자 소설 『동물농장』을 세상에 내놓게 되었단다. 정말 통쾌하게 재미있기 때문에, 읽으면서 역사 공부와 정치 비판을 함께 할 수 있는 명작이지.

『동물농장』의 줄거리

자, 그럼 풍자 소설의 대명사, 『동물농장』의 흥미로운 줄거리에 대해 알아볼까?

농장에서 술에 취한 주인 존스씨가 잠에 곯아떨어진 사이, 동물들이 비밀회의를 열어. 아주 늙은 수퇘지 메이저는 소비만 하는 인간이 동물들을 학대하고 형편없는 대우를 하고 있으니 반란을 일으켜야 한다고 일장 연설을 하지. 그가 영국의 동물을 찬양하는 노래를 선창하자 동물들은 열광적으로 그 노래를 따라부르며 반란의 기운이 높아졌어. 동물들은 메이저의 의견에 따라 일제히 들고일어나, 존스씨와 농장 관리인들을 내몰고 스스로 농장을 경영하기 시작한단다.

농장의 이름도 그들 스스로 '동물농장'이라고 지었고, 지도력이 있으며 논리적인 돼지들인 나폴레옹, 스노우벨, 그리고 나폴레옹의 충실한 심복인 스퀼러 등이 지도자의 위치에 올랐어. 나머지 동물들도 모든 동물이 평등한 동물 공화국을 건설하기 위해 모두들 힘을 합쳐 노력했단다. 동물들은 돼지들이 이끄는 대로 일요회의도 열었고, 글을 깨치는 문맹 퇴치 학습 시간도 가졌어. 모든 동물들이 동물농장의 주인이라는 주인의식을 갖고, 평등에 바탕을 둔 이상적인 동물 사회를 확립하기 위해 의미 있는 시간들을 보냈단다.

그러나 곧 풍차 건설이 계기가 되어 권력 투쟁이 시작돼. 나폴레옹과 함께 동물들을 이끌었던 스노우벨은 쫓겨났지. 나폴레옹은 자신의 심복인 스퀼러를 통해 동물들을 통제하는 한편, 개 9마리를 동원하여 공포 분위기를 조성했어. 나폴레옹에 의한 완전한 독재체제가 구축된 거야. 동물들이 자신들의 의견을 발표했던 일요회의가 폐지되고, 모든 중요한 사실들을 나폴레옹과 그의 측근들이 결정해 버리지. 나폴레옹은 틈만 나면 존슨 씨가 다시 공격해온다며 동물들의 자유를 억압하고, 쫓겨난 스노우벨을 반역자로 낙인찍어 버렸어. 동물들이 불만을 이야기하면 공포 분위기를 만들어 불만을 잠재워 버렸고 말이야. 불평하는 동물은 첩자라고 하여 먹을 것을 주지 않거나, 숙청까지 해 버렸단다.

대부분의 동물들은 존슨씨 농장 시절보다 더 어려운 생활을 하는데, 나폴레옹은 존슨씨가 살던 집으로 이사해서 그의 침대에서 잠을 자고 술을 마셨어. 그런가 하면 새끼 돼지들을 공부시킨다고 교실까지 지었어. 그뿐이 아니야. 인간들과 거래까지 시작했단다. 동물들의 평등을 바탕으로 한 이상사회는 이미 물 건너갔지. 처음 동물 농장을 만들 때 함께 정한 칠계명은 수정되고, 협박과 굴종만이 판을 치는 농장이 되었단다. 동물농장을 위해 몸바쳐서 노동하던 부지런한 말 복서는 인간의 도살장으로 팔려나가. 항상 냉소적인 벤자민이 가장 먼저 이 사실을 알아채지. 그런데도 나폴레옹의 앞잡이 스퀼러는 엉뚱한 거짓말을 해. 자신들이 제거했던 복서가 눈을 감으면서 이렇게 말했다는 거야.

"동지 여러분, 전진합시다. 우리가 이룬 혁명을 잊지 말고 전진합시다. 동물농장 만세! 나폴레옹 동지 만세! 나폴레옹 동지는 항상 옳습니다!"

그러다가 나폴레옹과 그를 추종하는 돼지들은 기가 막히게도 인간같이 두 다리로 서서 동물들을 감시하기 시작했어. 동물농장이 함께 외쳤던 '네 다리는 좋고 두 다리는 나쁘다!'던 구호가 완전 반대가 되어, '네 다리는 좋고 두 다리는 더욱 좋다!'가 된 거지. 결과적으로 '모든 동물들은 평등하다'던 동물농장이, '모든 동물들은 평등하다. 그러나 어떤 동물들은 더욱 평등하다'로 변질된 것이란다. 인간들의 사회와 똑같아져 버린 거야.

「동물농장」의 명장면 들여다보기

『동물 농장』의 명장면 중 하나는 존슨씨의 역습을 동물들이 성공적으로 방어하는 모습이야. 존슨씨가 이웃 농장들의 힘을 빌려 쳐들어올 때 스노우벨은 갈리아를 정복한 카이사르의 책을 읽고 작전을 구상하여, 사상자를 최소화시킨 대승리를 거두게 하지. 스노우벨은 먼저 36마리의 비둘기가 인간들의 머리위에 똥을 싸도록 했어. 똥을 머리에 맞은 인간들이 정신을 못 차릴 때, 이번에는 울타리 아래 숨어있던 거위 떼가 인간들의 종아리를 사정없이 물어뜯게 하지. 인간들이 허둥지둥 도망치자 이번에는 말과 암소, 돼지들이 입구를 막아서 버렸어. 할 수 없이 인간들은 총을 쏘아 댔지. 총알은 스노우벨의 등 쪽을 살짝 스쳐갔지만, 그 옆에 있던 가엾은 양은 죽고 말았지. 이 싸움 장면은 조지 오웰의 상상력이 멋지게 발휘되어 인간과 동물의 싸움을 실전같이 구성한 부분이란다.

이런 전투 장면은 또 있어. 인간과 동물들 사이에 벌어진 풍차 전투가 그것인데, 풍차 전투는 제2차 세계 대전 중 실제로 있었던 독소 전쟁을 상징하는 거야. 돼지 나폴레옹이 목재를 팔기 위해 협상하는 핀치필드 농장은 독일을, 농장 주인인 프레드릭은 아돌프 히틀러를 상징해. 또 목재 구입 경쟁을 벌이는 폭스우드 농장의 농장주 필킹턴은 영국을 상징하지. 그런가 하면 풍차는 소련의 5개년 경제 개발 계획을 나타낸 거야. 돼지 나폴레옹은 우여곡절 끝에 목재를 그동안 우호관계를 가졌던 필킹턴이 아닌 프레드릭에게 팔았다고 발표하는데, 이것은 제2차 세계 대전 당시 세계를 깜짝 놀

라게 했던 '독소불가침 조약'을
나타낸 거란다.

그런데 이를 어쩌나. 프레드
릭이 준 5파운드짜리 지폐가
그만 위조지폐였던 거야. 나폴
레옹은 프레드릭에게 무시무
시한 사형선고를 내리는데, 무
려 '끓는 물에 산 채로 집어넣
는 형'이었단다. 그러나 폭약을
앞세운 프레드릭의 맹공으로

독소 불가침 조약 체결식(1939)

동물농장의 풍차는 동물들의 눈앞에서 날아가 버리고 말았지. 이
때도 똑똑하고 냉소적인 당나귀 벤자민은 인간들이 폭파시킬 것이
라는 것을 미리 알아챘어.

간신히 인간과의 풍차 전투를 마무리했지만, 나폴레옹은 물론
거의 모든 동물들이 부상을 입었어. 동물도 동물이지만 풍차의 피
해가 가장 커서 회복이 불가능했지. 그런데도 나폴레옹은 승리를
했다고 일곱 발의 예포를 쏘는가 하면, 스스로 풍차 훈장을 만들어
자신에게 수여했어. 동물들에게도 사과, 옥수수, 비스킷 등을 승리
의 선물로 지급하는 등 인간 사회의 우습고도 거짓된 모습이 동물
들 사이에서도 고스란히 재현되는 장면이란다.

역사 안에서 본 「동물농장」

1945년에 조지 오웰이 이 책을 출간할 당시는 영국이 제2차 세계 대전의 종전을 앞두고 소련과의 긴밀한 협력을 모색하고 있는 시기였어. 때문에 소설 출간에 어려움을 겪기도 했단다. 그동안 오웰의 책들을 내 주었던 골란츠 출판사는 친소적인 출판사여서 출간을 거절했고, 출간을 약속했던 조나단 케이프사는 당국의 전화를 받고 이를 취소하기도 했지. 결국 이 책은 여러 곳을 전전하다가 섹커 앤드 와버그 출판사에 의해 겨우 세상에 나올 수 있었어.

그런데 작품 평이 아주 좋아서 책 판매가 매우 순조로웠단다. 특히 이 작품은 지성인으로서 탁월한 글솜씨를 가지고 있던 조지 오웰의 부인 아일린 오쇼네시의 영향으로, 밝고 흥미로우며 대중들에게 친밀한 내용으로 구성되었어. 역시 조지 오웰 작품인 『1984년 (Nineteen Eighty-Four)』은 동물농장과 마찬가지로 전체주의를 비판하는 미래소설인데, 작품 내내 어두운 분위기가 지배하고 있지. 그 이유는 안타깝게도 부인인 오쇼네시가 숨을 거둔 다음에 나온 작품이기 때문이야.

사실 조지 오웰은 그의 본명이 아니야. 그의 본명은 에릭 아서 블레어(Eric Arthur Blair)란다. 그가 가명을 쓰게 된 것은 소설이 실패할 경우 가족들이 자신이 썼는지를 잘 모르게 하기 위해서였다고 해. 그는 스스로 무정부주의자라고 주장하는 아나키스트 계열의 좌파이며 사회주의자였어. 그의 작품을 읽으며 오해하지 말아야 할 것이 하나 있어. 이 작품을 반공산주의 작품으로 읽어버리는 거야. 그는 『동물농장』에서 스탈린이나 트로츠키 등 소련의 지도층을 나타내는 우화적인 인물을 전면에 내세웠지만, 사회주의 체제를 비판하고 있지는 않아. 그가 풍자하고 해학적으로 비판하고 있는 것은 스탈린 같은 인물이 우매한 민중을 속이고 자신만을 위해 체제를 밀고 나가는 전체주의란다.

참, 조지 오웰과 관련하여 흥미로운 사실도 있어. 그는 장학생으로 영국의 명문인 이튼 컬리지에서 공부했는데, 내신이 형편없었다는 거야. 졸업을 앞둔 시점에 그의 성적은 167명 중 138등이었지. 보통 이튼 컬리지를 졸업한 학생들은 옥스퍼드나 케임브릿지로 진학하지만, 그는 워낙 성적이 나빴기 때문에 대학 진학을 포기하고 영국의 식민지인 버마에서 인도제국의 경찰이 되는 길을 걸어갔지. 그런데 이곳에서의 경험이 그의 작품에 중요한 영향을 준단다. 조지 오웰은 갑의 입장인 식민지 제국의 경찰로서 을의 입장인 식민지인들을 통제하면서, 이것은 인간이 할 짓이 아니라는 사실을 깨닫게 돼. 조지 오웰은 이후 전도양양한 자리를 박차고 영국으로 돌아와, 스스로 런던과 파리를 떠돌아다니는 빈민가의 노동자가 되어 개미같이 일하는 프롤레타리아 생활을 해 나가지. 특히 런던 빈민가에서는 노숙자로 지냈고 막노동도 마다하지 않았어.

그 경험으로 『동물농장』에서 당나귀 벤자민이 가지게 되는 통찰력을 향유하게 되었고, 노동 현장에서 너무나 우매하면서도 착하게 일만 하는 노동자들을 보고는 소설 속에서 그들을 말 복서로 표현한 거야. 또 일하는 곳에서 겪은 지배인들의 권위주의적이고 비정한 모습을 보고, 돼지 나폴레옹의 앞잡이 노릇을 하는 돼지 스퀼러를 구상하게 되었지.

한마디로 『동물농장』은 스탈린이라는 독재가와 전체주의를 비판한다는 생각만으로 만들어진 소설이 아니란다. 소설 속에는 조지 오웰의 삶의 방식이 꽉 차게 담겨있지. 조지 오웰은 좌파로서 부르주아로 태어난 자신의 생을 부정하고 노동현장에 몸을 던져 프롤레타리아의 삶을 느껴보려고 애를 썼어. 또 행동하는 좌파로서 에스파냐 내전에 뛰어들어, 사회주의를 유럽 사회에 뿌리내리게 하고 싶었지. 그렇다 하더라도 사회주의 지도자들의 독재체제는 반드시 물리쳐야 한다는 생각에 『동물농장』을 써내려 간 것이란다. 소설 속에서 그는 계급 간에 날이 갈수록 깊어지는 빈부격차에 대해 날카롭게 비판했어. 소위 사회주의 지도자라고 하는 사람들이 민중을 배신하고 그들을 수단으로 이용하며, 갖은 사치와 허영에 빠져있는 모습을 도저히 용납할 수 없었던 거야. 그런 그의 생각이 인간 존슨씨 집의 침대에서 자며 향락에 빠져 버리는 돼지 나폴레옹을 만들어 냈단다. 웃음과 해학 속에 권력에 집착하는 인간 군상의 쓸쓸함을 느낄 수 있는 작품이 바로 『동물농장』이지.

¤ 사회주의란?

독일의 칼 마르크스와 엥겔스는 노동자들의 문제를 계급투쟁의 역사로 이론화하여, 프롤레타리아 노동자들이 투쟁과 혁명을 통하여 자본가들에게 대항해야 한다는 주장을 세상에 내놓았다. 그들은 그 유명한 '공산당 선언'을 바탕으로 사회주의 운동을 탄생시켰다.(1848)

공산당 선언은 전 세계의 수많은 노동자와 혁명가에게 깊은 영향을 끼쳤다. 때문에 생산수단을 사회가 공동으로 소유하고 관리하며 계획적인 생산과 평등한 분배를 해 나가자는 사회주의 운동이 세계 곳곳에서 전개되었다.

¤ 독소 불가침 조약이란?

제2차 세계 대전이 시작되기 일주일 전인 1939년 8월 23일, 독일과 소련은 모스크바에서 스탈린이 참석한 가운데, 소련의 외무장관인 몰로토프와 독일의 외무장관인 리벤트로프가 독소 불가침 조약을 맺었다. 조약의 주요 내용은 다음과 같다.

1. 두 나라가 독립적으로 또는 다른 국가들과 연합해서 서로를 공격하지 않는다.
2. 조약 당사국이 제3국으로부터 공격을 받았을 경우 그 제3국을 원조하지 않는다.
3. 공동관심사에 대한 문제점은 서로 접촉하여 협의한다.

4. 양 국가 중 한 국가를 직접 또는 간접적으로 위협하고 있는 국가집단
   에 동참하지 않는다.
5. 상호간의 분쟁은 협상이나 중재로 해결한다. 조약은 10년간 유효하고
   어느 한쪽이 만기 1년 전에 조약폐기를 통고하지 않을 경우 다시 5년
   간 자동적으로 연장된다.

이 상호 불가침 조약에는 소련과 독일이 동유럽 전체를 나누어 갖는 비밀의
정서가 포함되어 있었다.

장 발장은 혁명군이었다?

초판 1쇄 발행 2015년 10월 5일

지은이 송영심
펴낸이 이지은 **펴낸곳** 팜파스
기획편집 박주혜
디자인 조성미 **마케팅** 정우룡
인쇄 (주)미광원색사

출판등록 2002년 12월 30일 제 10-2536호
주소 서울시 마포구 서교동 404-26 팜파스빌딩 2층
대표전화 02-335-3681 **팩스** 02-335-3743
홈페이지 www.pampasbook.com | blog.naver.com/pampasbook
이메일 pampas@pampasbook.com

값 13,000원
ISBN 979-11-7026-044-8 (43900)

이 도서의 국립중앙도서관 출판시도서목록(CIP)은 서지정보유통지원시스템 홈페이지
(http://seoji.nl.go.kr)와 국가자료공동목록시스템(http://www.nl.go.kr/kolisnet)에서
이용하실 수 있습니다.(CIP제어번호: CIP2015025692)